ちくま新書

朝ドラには働く女子の本音が詰まってる

矢部万紀子
Yabe Makiko

1323

朝ドラには働く女子の本音が詰まってる【目次】

まえがき

働く女子のことがわからない。そう思っている人、とくにおっさん（と書いてしまう）は多いらしい。

私自身、三十五年近く、働く女子というのをしてきた。新聞社で記者をし、転職し、雑誌の編集をした。少し早めにリタイアしたが、わが会社人生を省みても、なかなかめんどくさい代物であることは、自覚している。

例えば日々の職場での様子ひとつとっても、ご機嫌だったり、不機嫌だったり。仕事がうまくいっていればご機嫌だろうと思うのだが、うまくいっても不機嫌だったり、失敗してもご機嫌だったり。それぞれにしかるべき理由はあるつもり。だけど説明は、しないのか、できないのか。

会社のえらい人との接触では、仏頂面が基本だ。

えらい人の言うことを、無条件でありがたがるのは違うと思う。それが基本にあるのだが、それでは通らないこともわかっている。笑顔で言うことを聞いてしまえる人がうらやましいと思う先から、そんなことではいかん、と思う。あれこれ考えているうちに仏頂面になり、感じ悪い人になっていることも知っている。だけど相変わらず、笑わないのか、笑えないのか。

何を言っているのだ、もっと大人になりなさい。

そう言いたい人が、男女を超えてたくさんいることも、わかっている。が、なれない。つくづく、めんどくさいヤツだ。

そんなヤツにも、友だちがいる。毎朝、午前八時に待っていてくれる、優しい友だち。名前を、朝ドラという。


朝ドラ。一九六一年、「娘と私」で始まったNHKの「連続テレビ小説」のこと。今もNHK的な正式名称はこちら。

日本でテレビ放送が始まった最初の頃、放送時間は昼と夜だったそうだ。しばらくして朝も放送を始めたが、その時間帯にテレビを見る習慣がついてないから、なかなか見てもらえない。困ったNHKが、女性なら通勤も通学もしないから、朝からテレビを見てくれるはずと、ターゲットを絞って始めたドラマ。新聞に小説が載っているように、テレビに小説を、ということで「連続テレビ小説」。二作目以降、午前八時十五分からオンエア。

それから幾星霜。つい最近まで、毎朝出勤する女子だった私が、朝ドラを心の友としている不思議。

なぜかしらん。

そう考えたとき、「合わせ鏡」という言葉が頭に浮かんだ。

朝ドラは、自分というものの、後ろ姿を見せてくれる。ふだんは見えてない自分が、ヒロインを通して見えてくる。自分の気持ちが見えてくる。己《おの》が心をわかってくれる友は、大切にしなくてはならない。


連続テレビ小説を一躍有名にしたのは、「おはなはん」(一九六六年)という作品だ。NHKアーカイブスというウェブサイトを開くと、今でも初回を見ることができる。樫山文枝が演じるおはなはは、振袖姿で木に登っている。父が勝手に決めた見合い相手がやって来るのを、木の上からいち早く見てやろうとしているのだ。

木登りは、「おてんば」の象徴だと思う。男の子の専売特許とされるものに挑む。それはつまり、型にはまらないということだ。

おはなは、母に叱られている。「これ、何しとるんで、こがい大事な日に」。こう返す。「ほじゃけん、見とるんよ。どないな婿さんじゃろか思うて」。

父は見合い相手を決めたくせに、写真も持ってこない。それが不満なおはなは、木の上から相手を見定めようとしているのだ。自分で結婚相手を決めたいという、意思のあらわれ。それが木登り。

そのことは、見ている女性に伝わったに違いない。型にはまらず、自分で自分の結婚を決めようとするおはな。見合い相手を好きになり、結婚し、子を産み、夫を亡くし、戦争という理不尽と向き合い、戦後まで描き、「おはなはん」の平均視聴率は四五・八%。この人気が、以降の「連続テレビ小説」の路線を決定した。

一般的にはそれを「女の一代記」路線というのだが、私は「おてんばの一代記」だと思っている。おはなのように、型にはまらず、自分で自分を決めたい女子がヒロイン。もう誰も連続テレビ小説とは言わなくなった今も、朝ドラがコンテンツとしての力を失わないのは、ヒロインがおてんばだからだと思う。

「おてんば」を漢字で書くと「お転婆」。当て字だそうだが、ババが転ぶとは言い得て妙だ。ババは目をつぶるとして、「転」だ。立たないで、転んでいる。通常は立っているわけだから、例外ということだろう。

例外の方から言わせてもらうと、転んでいるのにはエネルギーがいるのだ。こちらにはそれが通常だとはいえ、転べばやはり、時々は痛かったりもするのである。

働き方は多様な時代になった。NHKがかつて頼りにした専業主婦という人も、組織のなかで働いている、または働いたことがある、そういう人がほとんどだろう。今を生きる女性は、多かれ少なかれ働く女子だ。そんな変化も踏まえ、NHKも八年前に朝ドラの放送時間を繰り上げ、午前八時にした。

だが、多様な働き方が豊かさにつながらず、むしろ窮屈度が上がっているように思う。経済成長ってなんですかという時代にあって、効率と結果ばかりが求められる。そのうえ、なんだかんだと言っても、社会のルールを決めているのはおっさんだ。

おっさんが決めた型に合わせるのは、楽しくない。せめて自分で自分を決められればいいが、そうしようとしても、おっさんという壁が立ちはだかったりもする。

おてんばには、相変わらずの受難の日々。それでも朝ドラに目をやれば、いつもヒロインが奮闘している。生きる時代も置かれた立場もさまざまで、「職場」で「労働」しているとは限らないけど、ヒロインはいつもおてんばだ。与えられた環境のなかで、あっちにぶつかり、こっちにぶつかり、それでも前を向いている。

ヒロインたちを、「おてんば、がんばれ」という気持ちで見る。夫あり子なしの私だが、その姿に過去の自分を重ね、なつかしい気持ちになる。まだ自分も、あちこちに転がってぶつかって、それで痛いのだと気づいたりもする。

ダメなヒロインに怒ったり、働く女子がまるでわかってない展開だと憤ったりすることもある。それでも見続けるのは、やはり、朝ドラが、合わせ鏡だからだ。

気の合う働く女子同士で会うと、朝ドラトークが盛り上がる。「あの俳優、いいよね ——」「あの展開は、ないんじゃない」。そんな感想のやりとりなのだが、盛り上がる。

働く女子はみんな「おてんば」だ。型にはめられたくない。自分で決めたい。そんな意思を胸に、現実と折り合いをつけようとしている。だから朝ドラに、自分を重ねる。思いを、語りたくなる。

昔から好きだった朝ドラだが、この十年ほど、ますます熱心に見るようになった。自分のことを考える余裕と、考える材料。両方が増えたことと、無縁でないのかもしれない。折しもこの十年は、朝ドラの存在感が増した時期でもある。テレビ離れが言われる時代で、近年は平均視聴率二〇%超えが普通になっている。テレビドラマ界のエリート。エリートにはエリートなりの努力と工夫がある。そんな朝ドラを見て、朝ドラトークをして、考えたことを書いた。

自分の機嫌不機嫌のもとが、どこにあるのか。どんな生き方が好きで、どんなことに憤るのか。おっさん(だった、かなり)の多い職場で働いた三十五年近い体験をもとに、そのことを言葉にしていく作業だった。

書いているうちに、心の中のぼんやりした思いが形になっていった。自分も気づいていなかった、心のうち。それが書けたから、朝ドラという合わせ鏡を通して見えた「働く女子」の本音が詰まった本になったはずだ。

女子たちに「そうそう、その通り」と気持ちよく読んでいただけたら、本望だ。

そして働く女子がわかっていないおっさん（と書いてしまう）たちに、「へー、そうなんだー」って感じで読んでもらえたらいいなと思っている。

そうしたら、あっちこっちで転んでいるおてんばたちも、女はわからんと嘆いているおっさんたちも、どっちもちょっと楽になるんじゃないかなー、と思う。

そうなったら、すごくうれしい。

序章

働く女子に、励まされたり、裏切られたり

「ちりとてちん」(二〇〇七年下期)

返す返すも残念だ。

この言葉は、このドラマのためにあるのではないだろうか。ほとんど傑作だったのだ。働く女子同士、毎朝、ヒロインとエールを交換していた。彼女と彼女を取り巻く人々の切なさに触れるたび、涙があふれた。あー、それなのに、それなのに。

二〇〇七年後期の朝ドラ、「ちりとてちん」。返す返すも残念だ。

朝ドラを「働く女子もの」と認識した最初の作品だった。ヒロインの少女時代から仕事を始めるまで、そして始めてから。すべてにおける気持ちが、よくわかった。

自分の道が見つからないあせり、見つけるまでの切実感、見つけたら見つけたで出てくる悩み……すべてが自分と重なり、ヒロインを応援したり、励まされたり、していた。

†「お母ちゃんみたいになりたくない」と叫ぶヒロイン

ヒロインは落語家になる。女子のお仕事ドラマと考えれば、落語家という職業は決してメジャーなものではない。だけど、落語の道に入ってからも「珍しいお仕事ドラマ」にはならず、「あるある感」満載だったから、一回も欠かさず見た。

貫地谷しほりが演じる主人公の和田喜代美は、不器用で、何につけやり遂げることが苦手で、これといってしたいことのない女子だ。推薦で地元(福井県小浜市)の短大国文科への進学が決まっていたが、とにかく自分を知る人ばかりの故郷を出ることから始めなくてはと思い立ち、卒業式が済むとすぐ大阪に向かう。塗り箸職人の父を取材に来たフリーランスの女性ライターだけが頼りという、ほぼ行き当たりばったりの出奔だ。

最初から「落語家」という選択肢が見えていたわけではない。何者かにはなりたい。でも何者になりたいかはわからない。そのことも、コンプレックス。そんなヒロインだった。共感できすぎる設定で、すぐに引き込まれた。自分を重ねた。

若い頃からなりたいものが見えている人ってすごい。五十歳をたっぷり過ぎている今もそう思う。喜代美と同じ高校三年だった私も、多分うっすらそう思っていた。

だけど何になるのか考えもせず、勉強はおろそかにする一方で、医者になりたいと受験勉強をがんばっている理系女子がまぶしかった。当然、大学は落ちまくり、有名医大に受かったその子との差に、勝手にがっかりしていた。

以上、「ちりとてちん」で呼び起こされた古い記憶の一つだが、他にもいろんな感情が動かされた。

喜代美は実家にいて、なりたいものが見つからない。そのことへの苛立ちを、こう表現していた。

「お母ちゃんみたいになりたくないのっ！」

大阪行きを止められた時に、飛び出した言葉だ。

母親という人を否定したいわけではない。だけど、家族のために食事を作るのではないことがしたい。なのに、それは何かがわからない。それが腹立たしい。それで母親に面と向かって「あなたになりたくない」と言ってしまう。

丸ごと理解できた。

喜代美は、こう続けた。

「自分の人生なのに、こそこそ隅っこ、歩きたくない。どーんと、ど真ん中を歩きたい」

ドラマのなかの、高校の卒業式を終えたばかりの女子が語る「志」。見ていた私は当時四十代の後半に突入していたが、自分の思いを言語化してくれたと感じた。若かりし日の自分、ではない。今の自分。「志」という年ではなくなっていたかもしれないが、私の意思のありかを今一度、はっきりさせてもらった。

それから先も、ずっと自分と重ねて見ていた。本当によいドラマだった。まさか、最終回の前日に、あんなことが起こるなんて思いもしなかった。

†最後の最後の退職に、呆然

なんか最後の頃、展開がゆるくなって、おもしろくなくなったね。なーんてことは、ドラマを見ていたらよくある。期待していた結末とは違ったなー。なーんてことも、ままある。が、そんな程度ではなかったの。台無しだったの。

どうなったのか。はい、妊娠↓退職です。マタハラではありません。職場のみんなは、辞めるなと引き止めました。夫とは職場結婚ですが、夫も辞めるなという立場でした。では、なぜ辞めたのか。

本人の意志だった。落語の他にやりたいことが見つかったのだという。それは何か。台詞を引用する。

「私、お母ちゃんみたいになりたい。お母ちゃんみたいになりたいんや」

そして「お母ちゃんみたいになりたくない」と言ってしまった昔を、居合わせた当の母親に謝り、母というのはつまらない脇役人生だと思っていたが、太陽みたいに周りを照らす、豊かな人生だとわかったと語る。台詞の後ろには、感動のBGMと回想シーン。喜代美と共に泣き、笑う母親。茶色いお弁当を作り、いつの間にか場を和ませている。そんな母娘の、名場面集。で、その日は終わり。

えーー。えーー。最後の最後に、退職って。母が太陽って。な、なんなの？

呆然としていたら、翌日の最終回で、しっかり者の幼なじみの順ちゃんが、こんな台詞で解説してくれた。

「あんたは、おなかの子だけやなくて、どんどん増えていく草々《そうそう》さんのお弟子さん、ひぐらし亭に出入りする落語家、みんなのお母ちゃんになるって決めたんやろ」

草々さん（青木崇高）というのは職場結婚した夫で、兄弟子に当たる落語家。ひぐらし亭というのは、亡き師匠の悲願だった落語の常打ち小屋で、一門の弟子たちで完成させたばかりだった。

と、解説したところで、「あ、それじゃあ、退職もしょうがないよね」と思う女子が、今どきいると思とんのか、ボケー。とインチキ関西弁で怒りを爆発させてみても、どうにもならない。

最終回から少し後に、ドラマ好きの、大阪在住の、とある先輩女性と「ちりとてちん」

の話をした。彼女はひとこと、こう言った。

「落語のお母ちゃんに、なるて」

「る」と「て」の間に、小さく「っ」が入るような、入らないような。その微妙な発音に、呆れた気持ちが込められていて、今も耳に残っている。

そして最後のシーン。「オギャー」という声がする。夫が泣いている。満足そうな喜代美のアップ。終わり。

はー。ため息しか出なかった。

†NHKに抗議殺到

あれから十年、この悲憤慷慨《ひふんこうがい》を書くにあたり、NHKのとあるウェブサイト上で、有力な情報を得た。タイトルは、「連続テレビ小説　制作者座談会」。朝ドラ制作者四人が二〇〇九年に集まり、朝ドラのこれまでとこれからを語り合ったもの。そのなかに「ちりとてちん」のチーフプロデューサーがいたのだ。

彼は最後の展開を、「(ヒロインが)裏方にまわる決断をする」と表現し、そのような結末にした理由を「いろいろな生き方、その人らしい輝き方があるって肯定的に伝えたかったから」と説明していた。

えー。三度目の「えー」だが、わからな過ぎる。そりゃ、いろいろな生き方はある。その人らしい輝き方もある。それが、なぜキャリアを捨てて「裏方にまわる」ことになるのかが、さっぱりわからない。が、話はここからだ。彼は、こう続けたのだ。

「放送後、ものすごい抗議が来たんですよ」

仕事を辞める選択が許せない、古い価値観を押し付けるのか。そんな抗議だったという。そして、こう振り返った。「びっくりしました。新しい描き方に挑戦したのが、ちょっと、説明不足だったかもしれません」

びっくりしただなんて、こちらがびっくりである。新しい描き方って意味がわからないし、説明不足っていうのもわからない。が、「ものすごい抗議」が来たという。これはすごいことだと思う。

電話なのかメールなのか、とにかくNHKにアクションを起こした人が、ものすごくいたのだ。怒ってブツブツ言う（あ、私だ）だけでなく、動く。素晴らしい。抗議してくれたみなさん、ブラボー、ありがとー。

†思い当たる節その一――ハイパー優等生

ということで、気を取り直して、ここからは「妊娠→退職」はなかったことにして、このドラマをほめる。最後の二日さえなければ、本当によいドラマだったから。
いろいろな感情を動かされた。働く女子の後輩である喜代美を見て、昔を思い出したり、今の自分を振り返ったり。「思い当たる節」が満載だった。

思い当たる節その一。ハイパー優等生女子って、いるよね。

学生の時でも、仕事を始めてからも、必ずいるのだ、そういう女子が。

どういう女子かというと、まずは可愛い。そして勉強なり仕事なりのパフォーマンスが高い。音楽とか美術とかスポーツとか、そんなのもできる。総合的、幅広の「できる女」である。それだけならまだしも、優しいときている。それが計算づくなのか、本当に天使なのか、よくわからない。どっちなのかと観察したりするのだが、そんな自分が徐々に邪悪な者に思えてくる。そしてとどめ。男子によくモテる。

ほら、なんか嫌でしょ。近くにあんまりいてほしくないでしょ。

和田喜代美にとっての和田清海（佐藤めぐみ）がそうなのだ。転校した小学校で出会った、同姓同名の同級生。可愛くて勉強もできて、ピアノも上手で、お金持ちの娘。ややっこしいのでクラスの子は「A子」「B子」と呼ぶことにする。

喜代美は自己評価の低い小学生なので、自分から「B子でええよ」と言ってしまう。以後、清海という存在が、喜代美のコンプレックスになる。そのくせ高校を卒業して発作的に家を出た時、頼りのフリーライターが出張で不在という予期せぬ事態に、大阪の四年生大学へ進学した清海のマンションに行ってしまう。あーあ、喜代美ってば。

喜代美と清海で、すごく印象に残ったシーンがある。大阪に来て一年、喜代美は落語家という道を見つけ、徒然亭草若《つれづれていそうじゃく》（渡瀬恒彦）の弟子になる。一門で食事をしているところに清海が入ってきて、いつの間にか、話の輪の中心になっている。密かに好きな兄弟子の草々と清海が接近中だから、気が気でないこと山の如し。とうとう喜代美が爆発する。「やっと見つけた私の居場所に、なんでA子が入るん？　邪魔せんといて！　私の居場所に入ってこないで！」

このドラマの絶妙さの一つに、「未来の喜代美の心の声」をナレーションが語るというのがあり、それを上沼恵美子がちょっと若めの声で演じ、さすがに上手なのだが、この場面ではこんな声が入った。

私がA子と同じ空間にいたくない理由。一つ目は、和田喜代美でなく「A子の裏側のB子」になってしまうから。二つ目は、自分のダメさが際立つから。三つ目は、嫌な自分があふれ出して、止まらなくなってしまうから。

わかる、わかる。やっと見つけた自分の道だもん、しかも男子が絡んでいるんだもん、ハイパー優等生は立入禁止よね。だけど、そんなふうに感じて、ましてや怒鳴ってしまったなんて。そんな自分も嫌だよね。そう言ってあげたくなったところで、場面が変わって師匠がこう言う。

「あの子にはな、いつか心がよーぬくもった時に、謝っとき」

渡瀬が一貫して、余裕をもって喜代美を見てくれる優しい（しかも色っぽい）師匠を演じていたから、この上司の下なら喜代美は大丈夫だな、なんて思ったりもした。

†思い当たる節その二――「好き」にこだわる

そして、思い当たる節その二。「好き」が大切よね。

最近はなんでも「プレゼン」が求められる時代だから、自分の長所だのアピールポイントだの、あれこれ考えねばならないらしい。でも、個人的経験によれば、長所だアピールポイントだなんてものより、「好き」にこだわる方が、仕事には役立つと思う。

が、何が好きかを自覚するのは案外難しいし、そっちが成功の近道と気付くまでに時間もかかってしまう。

と、そこで喜代美である。徒然亭一門は、いろいろなことがあり、散り散りバラバラになっていた。喜代美はその頃、まだ単なる師匠宅の下宿人だったが、かつての弟子たちに戻ってほしいと説得に当たることにする。

家電量販店で働いている一番弟子の草原《そうげん》（桂吉弥）を訪ねると、高校を出て十八年、芽が出なかった自分は、落語に向いていないのだと断られる。が、喜代美は諦めきれず再訪し、こんなふうに話しだす。

「向いていたということやないでしょうか。十八年、続けなったんですよね、落語」

そしてなぜか『徒然草』の話をする。古典の授業で、『徒然草』の解釈がわかったから小さく挙手したけれど発見されず、手を挙げていない清海が先生に指名されて答えるという高校時代の伏線もあったりするのだが、それはさておいて。

『徒然草』には「退屈だから書いた」とあるが、退屈だからって一日中机に向かうだろうか。そんなこと、誰もしないと思う。好きだったのだ。吉田兼好は、書くことが好きで好きで書いていたのだ。草原さんも、落語が好きだから十八年も続いたのでしょうと、『徒然草』を空で口にしつつたたみかけ、最後にこうつぶやく。「羨ましいです。高校生でこれやというものを見つけられたなんて」。

貫地谷しほりという若い女優が器用に演じる「不器用だけどまっすぐ」な女の子に見惚れた。

「好き」を見つける、続ける、それが一番。そう再確認し、ほっこりしながら、職場に向かった。

†思い当たる節その三――「仕事も男も」は無理

で、思い当たる節その三。気が散っていると仕事はうまくいかないよね。

若い女子の場合、勉学にしろ、仕事にしろ、気が散る最大の要因は男子ですよね、みなさん。ま、遠い昔は置いておいて、仕事か恋愛か。

喜代美は師匠宅の下宿人時代に、内弟子部屋のお隣さんである草々を好きになる。ここに先ほどの清海が絡んできたわけだが、一方で落語というものが好きだということに徐々に気づき、とうとう弟子入りを志願するに至る。

最初は断られたが、いろいろを経て、最後は認められる。めでたい。が、同時にこう言われる。「内弟子修行中の三年は、恋愛禁止やで」。

そう、恋愛は仕事のパフォーマンスを下げる。だから修行中の恋愛は禁止。理にかなっている。が、そう簡単ではない。喜代美は好きな気持ちを抱えながら、修行に入る。戸を叩く仕草をしながら、反対の手に持つ扇子で音を出すことさえままならない不器用ぶり。「煩悩は消えない。落語はうまくならない」と上沼恵美子の声が解説する。

その頃の喜代美は幼く、右往左往が目立つ。「がんばる可愛い子」には見えるが、「働く人」には見えない。が、清海が草々の求愛を断り、女子大生タレントとして東京進出することを決めたのをきっかけに腹が座った様子になり、そこで週が変わって「あれから二年経ちました」となった時には、落ち着いた「落語家の卵」然とした喜代美に変わっていて、とてもりりしかった。

後輩の成長を目の当たりにし、そうね、やっぱり若いうちは、「仕事も男も」は無理、集中しないとね、私もいろいろと痛い目にあったけど、そのことがわかったから、今ではいい思い出よ、ふっ。

なーんて、桃井かおり（古い？）気分になったりもし、まあ、そんなこんなも含め、思い当たる節いっぱいの良いドラマだった。というところで終わってもいいのだが、最後に四草《しいそう》という兄弟子の話を書くぞ、と。

✝加藤虎ノ介さんをよろしく

んもー、かっこいいんですよ、この人が。加藤虎ノ介という無名の俳優が演じたんです。母は正妻でなく愛人で、大学を卒業して商社に勤め、「バカしかいなかった」ので辞めたという設定で、師匠の「算段の平兵衛」を聞いて弟子入りを志願、女に貢がせ、どしどし捨てる男として描かれる。

「算段の平兵衛」は大悪人が出てくる大ネタで、「悪人」になりたいニヒルな男というわけだが、そこに寂しさと優しさが透けて見え、胸キュン。私が喜代美だったら、草々なんかより断然、四草だなー、喜代美の目は節穴かー。などとニヤニヤ思っていたのは私だけではなかったらしく、最終回後にNHKの「スタジオパークからこんにちは」に加藤虎ノ介が出た時は、視聴者からの質問メールで番組のサーバーがダウンしたという逸話も作った。

このドラマを愛したのには、この人（四草&加藤虎ノ介）の存在も大きかった。最近は大阪の舞台が中心だそうで、テレビでお見かけすることがあまりない。とても寂しい。

そこでNHKに提案なのだが、「妊娠→退職」というとんでもない最後の所行をなかったことにしてあげるので、加藤さんをドラマにばんばん出してくれないだろうか。

四草さんが師匠から受け継いだ「算段の平兵衛」ほどの悪党ではございませんが、小悪党・私なりの算段。「妊娠→退職」という所行を目の当たりにしながらも、朝ドラ愛を消さず、その後も見続けた善人でもございます。

ぜひとも加藤さんの件、お引き受けいただきたく、お願い申し上げたところで、お後がよろしいようで。

第一章

ハンサム夫を愛でる

1　こうだったらいいな、が詰まってる　「ゲゲゲの女房」（二〇一〇年上期）

向井理さんを毎日鑑賞していた二〇一〇年というのは、今から思えばなんてのどかだったのだろう。

四月から始まった朝ドラ「ゲゲゲの女房」で水木しげる（役名は村井茂）を演じる向井理という俳優を知り、毎日毎日朝八時になると彼と出会えるという事態に、私は浮かれたし、私の周囲にも浮かれている女子はたくさんいた。

向井理という人がどんなにカッコいいか、女子飲みの席のメンバーが変わるたび、同じメンバーでも会が変わるたび、話題になった。明治大学で生命科学を勉強していたこと、卒業後はバーテンダーをしていたこと、表参道で撮られた写真が芸能界デビューにつながったこと。そんな「向井理の基礎知識」から始まり、それからは各論だ。

彼の顔のサイズは、じゃんけんのグーより小さいという女子がいた。私より少し年上の人だったが、そう断言した時の彼女の誇らしげな表情を私は今も思い出せる。赤の他人のことで誇らしいもないものだが、彼女の明るいあの表情は、やはり「誇らしい」が一番ピッタリすると思う。

だからかどうか、そこにいた女子もみな「グーより小さい」と納得し、「うん、きっとそうだね」と明るくうなずきあった。冷静に考えれば、そんなことは多分ないが、みんなで「グーより小さい」を共有しあえたあの空気。とてもなつかしい。

向井理談義が終了すると、私は誰かの話に「そげですね」と相槌を打ち、「ちょっこし、ビール頼みますか」などと、水木しげる夫妻の使う出雲言葉の「にわかバイリンガル」になり、飲んで食べて笑った。

それから一年も経たず、東北を中心にあんな大きな地震が起きるなど、ましてや原発があんなことになるなど、夢にも思っていなかった。地震から七年も経つのに、まだ自分の家に帰れない人がいる。日本は、そういう国になってしまった。

だから私の中で、「ゲゲゲの女房」は「最後の楽園」のような気さえしている。何のためらいもなく、みんなではしゃげた愛おしき飲み会。それを支えてくれたドラマ。

†朝八時が連れてきてくれた向井理さん

私が「楽園」に巡り合ったきっかけは、朝ドラの放送開始時間が午前八時になったことだった。

一九六一年に始まった朝ドラシリーズは、二作目から放送開始が午前八時十五分になり、ずっと変わっていなかった。だが他局が午前八時からそろってワイドショーという枠をつくって競い合うようになり、朝ドラの視聴率は下がる一方に。こういう事態を前に、五十年目にして初の変更となった。開始時間繰り上げ自体が「ニュース」として取り上げられていたから、「ちょっと見てみようかな」と思った。

そうしたら、なんということでしょう、向井理という俳優が登場したではありませんか。もうこれは、見続けるしかないでしょう。気づけば向井理さんと「ゲゲゲの女房」は、女子飲みの話題を独占する存在になっていた。

振り返るに、この作品は朝ドラ史のターニングポイントになったと思う。忘れられかけていた朝ドラを復権させ、二〇%超の平均視聴率が当たり前となる今日に続くブームの始まり。午前八時、大正解。

ちなみに「ゲゲゲの女房」の前作は「ウェルかめ」。「ウェルかめ」って何ですか？　平均視聴率は朝ドラ開始以来のワースト1位で、一三・五％（ビデオリサーチ調べ、関東地区、以下同）。「ゲゲゲの女房」の体感視聴率（in女子飲み）はほぼ一〇〇％、ほんとの平均視聴率は一八・六％。大躍進である。

当時私たちは、向井さんのカッコよさの話ばかりしていたが、カッコよさだけでないドラマだったから、カッコよさの話をしていたのだと、今ならはっきりわかる。

例えば二〇一七年後期の「わろてんか」を考えてみましょう。主人公の夫を松坂桃李というカッコいい役者が演じているのだが、これがお笑いで言うところの「滑ってる」状態。ドラマ全体滑りまくり。カッコよさが、逆に忍びない。

†水木しげる流で励まし、いさめてくれる

向井さんは、カッコよかった。顔だけでなく、存在そのものがカッコよかった。カッコよさを支える言葉があった。大好きな台詞があるので、いくつか書いてみる。

一つ目。「お互い苦戦が続きますなー。でも、くよくよしないで、ほがらかーにやってればええんです」。

二つ目。「自分も貧乏しとりますが、好きな漫画を描いて生きてるんですから、少しもかわいそうなことありません。自分をかわいそうがるのは、つまらんことですよ」。

どちらも貸本漫画時代の水木の台詞だ。「戦後」が終わりかけ、大手出版社による漫画雑誌にどんどん読者を奪われている。そんななかで、出てきた言葉。

一つ目は集団就職で上京してきた岩手・遠野出身の青年への言葉。仕事はつまらない、他人ともうまくいかない、いいことなんていつあるんだ。そう言って、少し捨て鉢になり

かけている青年だった。

二つ目は、同年代のある男への言葉。シベリアに抑留され、やっと帰ったら一人息子は疎開先で病死していて、抑留時代の暗い記憶から、電気工という本来の仕事に戻らず定職につこうとしない。そんな自分を見捨てない妻にも困惑し、妻と疎遠になりかけている男だった。

水木しげるさんは番組放送当時まだお元気で、メディアで引っ張りだこになっていたが、そうなる前から彼の人生を多少なりとも知っていた。子どもの頃から妖怪などが大好きだったこと、戦争でラバウル島にやられ左腕をなくしたこと、それでも漫画を描くという己の道を貫いてきたこと、何より深さとおかしみのある人だということ。

なので、この二つの台詞も、水木しげるという人が発したであろう言葉で、だからこそ人の心を打つ。そのことはわかってはいた。だが、それをハンサムな向井さんが言ってくれる喜び。

仕事とは大抵、苦戦するものだ。だから毎日、口をへの字にしていた。どうしてこんな目に遭うのだと、自分をかわいそうがってもいた。おかげでホウレイ線が深くなると、ますますかわいそうがっていた。

そんな時に向井さんが「くよくよしないで、ほがらかーにしてなさい」と優しく励ましてくれ、「自分をかわいそうがるのは、つまらんことですよ」といさめてくれる。

　働く女子ならみんな大なり小なり、似たような状況に置かれている。「苦戦」を互いに語り合うのはやめて、「向井さんトーク」ではしゃぐ。それが二〇一〇年の女子だった。「ゲゲゲの女房」における向井さんのカッコよさを因数分解するなら、ハンサムさと切なさとユーモアと優しさ。この四つに分けられると思う。

　外見のことは置いておいて、残りは全部、水木しげるという人がそもそも持っている要素であり、作風であるということはわかっている。が、ハンサム成分が（水木先生には失礼ながら）向井さんを得てグッと増量されたと同様に、切なさとユーモアと優しさの成分も向井さんの演技で増量されて、ググッと届いた。とくに女子には。

†全国の夫のみなさんへ、五つのアドバイス

　と、いつまでたっても「ゲゲゲの女房」の主人公であるところの、松下奈緒演じるところの、水木の妻であるところの、村井布美枝という登場人物のことを書けないので、優しさ成分の話をしよう。

　布美枝という女性は少女の頃から背が高く、そのせいでからかわれたり、お見合いを断られたりもする。内気だが、いざとなったら力を発揮する度胸の座ったところもある。貧

乏で変わり者の夫を信じ、一心についていくのだが、もちろん心揺れる場面も描かれる。

そんな時に見えてくるのが、向井の優しさ成分だ（正確には、向井演じるところの水木しげるの優しさ成分だが、ここは混同させていただきたく）。

例えば結婚からちょうど一年たった時。夫はなぜか漫画家の卵である若い女性を仕事部屋に入れ、布美枝に入ってくるなと言う。「あんたは、手先が器用だなー」と新婚早々にほめられ、アシスタントの仕事をするようになって楽しみにしていたのに、打って変わった態度。なぜ？

ある日、原稿が仕上がり、風邪で倒れた夫に代わって出版社に届けることになる。原稿料はケチられ、ひどい言葉も投げかけられた帰り際。夫が女性の名前で、まるで違う作風で、少女漫画を描いていたことを知る。そのためだったのか！

布美枝は夫の好きなコーヒー豆を買って家に着く。

向井は、コーヒーを淹れようとする布美枝に「ええ、俺が淹れる」と言い、「砂糖いるか？」と尋ねる。「ええです、あなたのコーヒーだから」と豆が少ししかないことを思って断る妻に、「あんたも、嫌な思いで原稿料もらってきたんじゃろ」とカップに注いでくれ、砂糖をこれでもか、とばかりに入れてくれる。

きゃー、なんて優しいんだ、向井さん（っていうか、水木しげる。以後省略）。

「私、恨んどったんです」と漫画家の卵の話を正直にする布美枝。「けど、名前まで変えるなんて」と仕上げた原稿の話をすると、「あんなのええんじゃ、売れるための作戦じゃ」と返す。なんて頼り甲斐があるんだ、向井さん。

この時、布美枝は家計を助けるため、化粧品の訪問販売員として働くことを考えている。「働いた経験はないけれど」と少し心配そうに、その話をする。

すると向井さんは、こう言って背中を押す。

「あんたはいざって時、力を出すタイプだと思うよ」

はーい、全国の夫のみなさーん、ちょっといいですかー。ここまでのところから学ぶべきこと、わかりましたか？　試験に出るので、よーく覚えておいてくださいね。

その一。外で大変なことがあったと想像できる状況下で妻が帰宅したら、きちんとねぎらうこと。その二。口だけでなく、コーヒーを淹れるなど、自ら手を動かすこと。その三。外での状況をくどくどと質問することなく、苦労したであろうことを前提として自然に振る舞うこと。その四。妻のよいところは口に出してはっきり伝えること。その五。一貫して、自分は自分でいること。妻と一緒になって、動じたりしないこと。

そんなの無理。そう思った夫さん、手をあげてー。

そう言ったら、たくさんあがるに違いない。大変な状況は夫さんたちも一緒だ。自分のことも大変なのに、家のなかでまで気を遣っていられるか。そんな声も聞こえてくる。わかってはいる。でもね。

だからこそ、女子にはたまらないドラマだった。だって隣にいる人が、ハンサムで優しいんだよ。ねぎらってくれて、自分のよいところをよいと言ってくれるんだよ。それって、ステキすぎるでしょ。

†松下奈緒の懸命さに落涙

「ゲゲゲの女房」には、こうだったらいいな、が詰まっていた。

優しさにユーモアが加わると、キュートになる。そのことに気づかせてくれたのも、水木を演じる向井さんだった。

例えば、布美枝がこう言う。「お金ないけど私、毎日、笑って暮らしてるよ」。いろいろあった後の台詞なのだが、けっこうな愛の告白である。

向井さんは「そげか」とだけ答え、出かけていく。平然としているが、照れているご様子。布美枝が「いってらっしゃーい」と声を掛ける。歩きながら、背中側に手を回し、バイバイと手を振る向井さん。

照れながらも、妻を愛している感じがじんわりと伝わってくる。ん、もー、キュートなんだからー。

貧乏暮らしのなか、長女が生まれた場面も大好きだった。産婦人科の病室。生まれたての赤ちゃんとの初めての対面。「お父さん似ですね。ほーら、ほっぺがぷっくりしてる」と看護師さん。そこで向井さんがアップになる。無言でほっぺたをふくらませている。超、キュート。

と、どうしても向井さんの話にばかりなってしまうので、布美枝さんと松下奈緒さんの名誉（?）のために、名シーンを一つ紹介する。

布美枝の父親（大杉漣）が仕事の関係で、島根の安来から上京してくる。斜陽の貸本業界で、夫が苦戦していることを布美枝は実家に伝えていない。そんななか、いろいろな善意が重なって、地元の貸本屋で「水木しげると読者の集い」が開催される。

その様子を見て最初は感心していた父だったが、あるきっかけでこれが今で言う「やらせ」ではないかと疑い、「小細工をしよって」と怒り出す。

「ええ男に嫁がせたと思ったが、わしの間違いだったかのう」と嘆く父。布美枝はお見合いから五日で水木と結婚式をあげたのだが、それは父の「いい男だ」という判断があってのことだったのだ。

いかにも「家長です」的な大杉漣の怒りの長台詞を止めたのが、「そげなこと言わんで」という松下の絞り出すような声で、ここから迫真の演技だった。

お父さんは何も知らないからそんなことを言うのだ。夫は小細工などしない。何を言われても、いつも堂々と漫画に打ち込んでいる。私は夫婦だから、よく知っているのだ。精魂込めて描いているところを一番近くで見ているのだから。間違いだったなど、言わないでほしい。

そう、出雲言葉で、切々と語ったあとの、最後の決め台詞。

「うちの人は、本物の漫画家ですけん」

松下という女優の初々しさと懸命さが伝わる、「ゲゲゲの女房」でも屈指の涙が止まらない場面だった。こんな場面が常に待ち受けているから、この頃の私はもう化粧するのは八時十五分以降にしていたのだが、それはどうでもいい話である。


†戦争が全体を覆い、登場人物はみんな大人で

向井が漫画を描く場面が、何度となく登場する。畳に座り、左の肩で紙を押さえ、背骨をグッとねじりながらペンを動かす。スラスラと運ぶのでなく、グッグッと力を込めて、歯を食いしばって動かしている。

このドラマで大人気となった向井が後にインタビューを受け、「水木先生の漫画を描く実際の映像などを拝見して」演じたと語っていたが、私は布美枝さんと同じ気持ちで眺めていた。「向井さんは、本物の漫画家ですけん」。

先ほどの父と娘の場面に戻ると、高まった緊迫感を一気に緩めるのが、「あのー、読者の集い、続けましょう」という向井の声で、きっと水木しげるという人が、そういう人なのだろうと思うわけだが、その脱力ぶりが好ましく、もはや向井と水木が私のなかで渾然一体となっていた。

切なさ成分については、あまり説明はいらないように思う。

戦争というものの存在が、ドラマ全体を覆っている。水木はもちろんだが、他にも戦争の影をまとった人たちが大勢出てくる。そして戦後から高度成長へ、日本が大きく変わる時に、時代の波に乗れない人たちも大勢出てくる。

村井が住むアパート「水木荘」と混同して村井を「水木さん」と呼んだことがペンネームのはじまりとなる紙芝居屋の大将だったり、闇市で漫画を見つけた時の感動が原点なのに、それを忘れて儲けに走り、結局は会社を倒産させて逃げてしまう貸本漫画の出版社社長だったり。大将を上條恒彦が、社長をうじきつよしが演じていて、彼らが織りなすドラマもけっこう泣かせてくれるのだ。

とにかく出てくる人々が、みな大人だった。それが昭和という時代なのだろう。みんな自分の道を生きようとしている。いいことも悪いこともある。黙って歩く。そんな感じ。スイスイ歩く人も出てきたが、うまくいかない人ほどカッコよかった。だけど、泣けてしまった。戦後から遠く離れ、日本って国は、何だか子どもみたいな大人ばかりの国になってしまった。自分のことを棚にあげ、「ゲゲゲの女房」で、そんなことも考えた。

†七年後に向井が企画した映画

放送終了から七年経った二〇一七年の秋、私は映画を見に行った。「いつまた、君と」という映画。原作・芦村朋子、企画・向井理。

芦村さんは向井の祖母で、彼女が書き残した戦中・戦後の手記を、向井が企画し、映画化したという。芦村さんの役を尾野真千子、その夫を向井が演じていた。

向井演じるところの、現実には向井の祖父にあたる男は、一言で言うと全く時代の波に乗れない人だった。「ゲゲゲの女房」にもたくさん出てきた人たちのひとりだ。水木しげるのように成功することもなく、三人の幼い子を残し、病死してしまう。

向井は相当減量したであろう痩せた体で、最期のシーンを演じていた。戦中も戦後もずっと、世の中をうまく泳げなかった男。全身から、悲しさがあふれた。

実のところ、「ゲゲゲの女房」以降の向井は、いつ見ても「ゲゲゲの女房」を超えていないと感じていた。だが、いつの間にか、映画を企画し、実現させることのできる人になっていた。

描いたのは、昭和という時代。大人が大人だった時代。大人同士の夫婦の変わらぬ愛が描かれていた。

水木先生、ありがとう。

エンドロールを眺めながら、そんな気持ちになった。

2　よその夫さんに文句をつける気はないのですが　「ごちそうさん」（二〇一三年下期）

「ごちそうさん」の主題歌は、ゆずの「雨のちハレルヤ」。歌詞が画面に出なくても、言葉がはっきりわかるのは、作詞作曲がよくて、二人の歌がとても上手だということだろう。

「突然、偶然、それーとも必然。はーじーまりーは、気づかーぬうちに」

そう始まる。予報通りにいかないときは笑おう、傘はなくたって歌おう、涙の川も海へたどりつく。そんなフレーズの後、こう終わる。

「誰のー心も、雨のちー、晴れるやーー」

最近の歌はメロディーをやっと把握したって、歌詞が多過ぎたり速過ぎたりでついていけないよー。そう嘆いていた私は、「ごちそうさん」開始に合わせてゆずと一緒に歌い、

「今度カラオケで、これ歌っちゃお、懐メロ脱却だー」とほくそえんだものだ。

そして。今もこの歌が心に残っているのは、そんなささやかな思い出があるからだけではない。

「ごちそうさん」って結局、この歌通りなんだろうな。雨のち晴れ。以上終わり。これじ

やあ主人公の杏ちゃん、かわいそう。そう思ったのだ。

†詰まるところ「雨のち、晴れるや――」

二〇一三年九月三十日、「ごちそうさん」は始まった。杏ちゃん演じる大正時代の女学生（め以子）は二週目で「突然、偶然」のちの夫となる帝大生と出会い、「必然」だったかどうかはさておき、「はーじーまりーは、気づかーぬうちに」恋に落ち、四週目の最終日にプロポーズする。

「あなたにおいしいものを食べさせます。だから私を食べさせてください」

帝大生の返事はまさかの「お断りします」。でも、翌週にはくつがえされ、「あなたを食べさせる権利を、僕にください」と逆プロポーズがあって、いよいよ彼の実家と勤務先がある大阪へ。

と、そこらあたりまで見ながら思っていたのは、こんな感じのこと。これからも予報通りにいかない時や傘がない時もあるだろうけどー、三月になって「雨のち、晴れるやーー」で最終回だよねー。

なにしろ「ごちそうさん」の前は、あの名作「あまちゃん」なのだ。杏ちゃんは、それだけでも大変なのに、「結局、晴れる」話では、演じがいもないというものだよねー。密かにそう、杏ちゃんに同情したりしていた。

ところが、ところがである。

「ごちそうさん」は大人気だった。初回からずっと、「あまちゃん」の平均視聴率を上回る数字を連発した。

じつはあれだけ話題になり、「あまロス」という言葉も生んだ「あまちゃん」だったが、視聴率は評判ほどには上がらなかった。終わってみれば平均で二〇・六％、一年前の朝ドラ「梅ちゃん先生」の二〇・七％に負けてしまっていたのだ。

視聴率って、なんなの？ 「あまちゃん」より「梅ちゃん先生」が上っていうのもハテナだったのに、「ごちそうさん」が高視聴率って、どういうこと？ 納得いかなかった。「梅ちゃん先生」は医者の娘が医者になって幼なじみと結婚する話、「ごちそうさん」は洋食屋の娘が食いしん坊で、帝大生と結婚して、料理好きな主婦になる話。普通過ぎる。「あまちゃん」のような新鮮なストーリーが恋しい！ そう思っていた。

こういうことを「あまロス」と言うのかもしれず、「ごちそうさん」に対し、必要以上につらくあたりがちだったことは、素直に認めよう。

「あまロス」な気持ちも消えた今、冷静に表現するなら、「ごちそうさん」は朝ドラの王道中の王道だった。娘が妻になり母になり、祖母になる。「女の一代記」という原点に極めて忠実なドラマ。安定感抜群。

「朝の連続テレビ小説」というものは、詰まるところ「雨のち、晴れるやーー」なのだ。女性の主人公がいて、いろんな雨が降ってきて、いろんな傘をさし、最後は晴れる。

終わってみれば「ごちそうさん」の平均視聴率は二二・四％。「梅ちゃん先生」を大きく超えた。雨の降り方、傘のさし方がよくできていたからこそだったと思う。主人公に「食」というテーマを与え、食べることを基軸に、「家」を巡る問題が描かれ、そこに戦争という理不尽が加わることで、主人公のたくましさが浮かび上がった。

ちなみにこのドラマで、脚本家の森下佳子さんは橋田賞を得た。「おしん」の橋田壽賀子先生も太鼓判をおしてくれたわけだ。

✝東出さんは「ハンサムな夫」なのかという疑問

と、このように納得したのは後の話で、ここからが本題。夫・悠太郎の話。演じたのは、東出昌大さん。

それまで全く知らない俳優だったのは、「ゲゲゲの女房」に登場してきた向井理さんと一緒だったのだが、向井のように「きゃー、ステキー」とはまるでなれなかった、という話である。

放送中の東出さんを「無名の新人俳優」ととらえていたのは、私だけではないはずだ。主人公の杏ちゃんはハリウッド俳優のパパのことも含め、すでに有名だったけど、夫役の人って誰？　という感じ。むしろ私は「あまちゃん」の駅長さん（杉本哲太）の若い頃を演じていた人であると途中で気づき、その話を女子飲みの席で何度かした記憶がある。まあ、その程度だった。

しかし東出さんはそこから、破格の躍進を遂げた。「ごちそうさん」終了から一年も経たず、杏ちゃんと結婚したのが大きかったと思う。「おー、杏ちゃんを射止めたかー」と世間は思ったろうし、私も思った。双子を含む三人の子どもにも恵まれ、それもなんだか「おー」な感じがする。

ドラマや映画に引っ張りだこになり、東出さんは「ああいう顔の人」としてすっかりなじんだ。「背の高い人」「杏さんの夫」とともに、あの顔がデフォルトになり、私の頭にもインプットされている。

だが当時は、そうなっていなかった。それを前提に、以下の話を読んでいただきたい。

私は、「朝ドラの夫」としての東出さんに、大いなる疑問、さらに言うなら不満を抱いていた。果たして東出さんは「ハンサム」なのかという疑問であり、「正直、ハンサムでない」という不満だった。

「趣味の問題では」というご指摘があろうことは承知の上だ。

それはわかっているものの、私にはどうしても東出さんが「ハンサム」と思えなかった。放映当時、この見解を女子飲みの席で披露したところ、朝ドラ好きの同い年の女子が「これまでに四回くらい、カッコいいと思えるシーンがあった」と反応してくれた。

放送開始から、三カ月ほど経った頃だった。にもかかわらず、カッコいいと思ったのが四回というのは、やはり少なすぎであり、あの当時、東出さんのハンサムぶりに疑問を呈していたのは私だけでなく、一定の広がりがあったということだろう（マイ飲み会調べ）。

という話を、別の飲みの席でしてみた。飲み過ぎではないかという話は、横に置かせていただくとして、その会は女性だけでなく、大学教授でテレビ好きな男性もいた。

彼は「梅ちゃん先生」と「おひさま」という朝ドラ作品をあげ、そこに共通するのは「夫がすごくハンサムで優しいこと」とまとめ、「ハンサムな夫を見せることで、主婦の目を現実から背けさせるのが朝ドラの役目」と言っていた。

ニューヨークのダウンタウンにバスケットボールのコートがあるように、日本のお茶の間に朝ドラがある。彼はそう言ったあと、「ハンサムな夫がいるというのは、ドラマとしての最低ラインでしかなく、そこからの飛躍があって初めて『名作』になる」と続けた。

さすが大学の先生、うまいこと言ってくれる。これはつまり、「ゲゲゲの女房」の向井理という成功体験（？）を経てしまった私たち女子の気持ちでもある。すごくステキな人が夫を演じる。その快感抜きで朝ドラを見るのは、寂しい。もちろんそれだけではダメ。向井演じる水木しげるの物語がすごく切なかったから、向井にはしゃいだのだ。ハンサムとストーリー、そのどちらも高い水準を求めるようになった私たち。と、ここで「向井ファンが東出を低く評価しているだけでは」という反応を予測し、教授のあげた「梅ちゃん先生」と「おひさま」と比較検討することにしよう。

†キムラ緑子の嫁いびりが人気になった理由

どちらも戦争がはさまり、トータル「雨のち、晴れるやーー」であり、「ごちそうさん」と同じ王道の系譜である。

「梅ちゃん先生」は医者の娘が医者になる話で、娘→医者が堀北真希、夫は松坂桃李。「おひさま」は小学校の先生が蕎麦屋に嫁ぐ話で、娘→先生が井上真央、夫は高良健吾。松坂は優しい系のハンサムで、その弱気そうなところから「わろてんか」で気の毒なことになっているのだが、とはいえちゃんとハンサム。高良は強い系の、正真正銘系のハンサム。だと思う。

そういう人が演じる「優しい夫」を毎朝目にし、女子は機嫌よく、その日をスタートさせる。「ハンサム夫」のち「現実」。とにかく、頑張るか。そう思う。「王道」が、この使命を果たさずして、どうする。

東出さんは、松坂さん、高良さんに比べると、やはり「二枚目度」は下がると思う。その分、彼の演じる悠太郎という人は、東京帝大の学生としての登場以来、育った家庭がごく複雑で、幼くして家長となることを決断せざるをえず……といった「内面性」を打ち出している。帝大卒業後は大阪市役所に入り、それは火事で母を亡くした経験からで、「安全な街」をつくることを使命とし、ところが徐々に戦争が忍び寄り、それが出来なくなる……などと描かれる。

が、悠太郎の人生の対処法はいつも直球だ。頑張る→うまくいく、頑張る→うまくいかない。これでは、なかなか切なくならない。防空演習を仕切る悠太郎が「焼夷弾は空から火のついたガソリンが降ってくるんだ。消さずに逃げろ」と言って逮捕され、これは後々効いてくる重要な場面になる。

「街は、人を守るためにあるんです。街を守るために、人がおるんやないんです」と大きな声で叫ぶ姿はりりしいのだが、海千山千になってしまった私には、直球すぎるその姿が「ステキ」に見えず、東出さんには申し訳ない気持ちでいっぱいだ。

結局のところドラマの中心はめ以子であり、嫁いだ西門家が主な舞台。じゃあ西門家での悠太郎はどうかと言うと、案外ダメ夫。天然なめ以子と直球一本槍の悠太郎とのやりとりはほほえましく、それが二人の持ち味なことはわかる。にしても、ピシッとしない。

「ごちそうさん」では、キムラ緑子演じる夫の姉・和枝の「嫁いびり」が人気になった。弟がめ以子を連れて到着するや否や、一年間は嫁でなく女中だと断じ、実家から持参しため以子のぬか床には塩を入れ、一生懸命作ったメンチカツのお皿はひっくり返し、とにかくいびる。挙句、いろいろを経て、妊娠しため以子のお腹を叩くという暴挙に出る。

こんなひどい小姑に人気が出たのは、キムラのクールビューティーな演技で和枝に事情がいろいろあることが次第にわかり、悲しみと寂しさがひしひし伝わってきたことによるのだが、根底にはピシッとしない悠太郎への残念感というか、苛立ちというか、そういうものがあったと思う。

なんせ悠太郎は、一貫して姉の妻いびりをやめさせる行動を取らない。嫁が家出しても、家出先をもじもじのぞいたりするだけ。「別居するぞ」と匂わせることは何度かするが、抜本的な解決に向けてはちっとも動かず。

最初にめ以子を助けるのは、すごく気の弱い妹の希子《のりこ》で、「ちい姉ちゃんが出て行くなら、私も出て行く」と姉に必死の反論をし、悠太郎よりずっと芯の強さを感じさせる。演じる高畑充希が健気でキュートで、私はすっかり好きになった。

なのに、なのに。め以子が「先に惚れた弱み」で夫のダメさも許してしまう。ドラマとしてはそれで成立するが、見ている方としては少しイラっとする。いいのか、こんなヤツで。だからこそ「でも、この人、ハンサムだからなー」と思わせてほしいところ。

†「ライフ・イズ・ビューティフル」との、ある共通点

そんなこんなで私は、毎朝「ごちそうさん」を見るたびに、「この夫は、ハンサムなのだ」と頭で翻訳することにした。ダメ夫だなあ、しかもハンサム度低いなあ、という事態に陥っては、朝ドラを見る意味がない。

「この人はハンサムなのだ」と翻訳を繰り返しているうちに、ある日、「あれ、この感覚、前にもあった」と思い出した。映画「ライフ・イズ・ビューティフル」だった。

カンヌ映画祭グランプリをはじめ数々の賞を受賞した、あの超名作。ユダヤ系イタリア人の親子がナチスの収容所に入れられ、小さな息子が自由を得るまでを描く感動巨編。

主人公を演じたのは、監督も兼ねるロベルト・ベニーニ。ニコレッタ・ブラスキという女優が妻役。都会に出てきた青年（ベニーニ）が、大金持ちのお嬢さま（ブラスキ）に一目惚れ、別の男性との婚約披露パーティーから二人で逃げる、という「収容所前史」がけっこう長く描かれる。

見ながら、どうもよくわからなかった。何がわからないかもわからなかったのだが、途中で気づいた。ブラスキさん、納屋の二階から干草に落ちるシーンで登場するのだが、なんというか初々しさに欠けるというか、すでに堂々としているというか。美人なのは間違いないけど、うーーん、うーーん、なんだろう、と見ているうちに、「あ、この人、若いってことなんだ」と気づいた。「二十代の前半くらいと思えばいいのね」とスイッチが入り、以後、頭のなかで「若いのね」と翻訳しだしてから、合点がいくようになった。日本で公開された一九九九年、私は映画館で涙をぬぐいつつパンフレットを買い、ブラスキとベニーニは実の夫婦でもあることを知った。「そっかー、ブラスキって人は伊丹十三にとっての宮本信子だから、年齢を超えて起用するのね」と、ここでまた一つ、合点がいった。

その当時の計算ではブラスキさんは三十八歳、ベニーニさんは四十六歳。その二人が主演し、「青年が若い娘に一目惚れし、そして……」と物語を始めるのは、ベニーニ監督の豪腕というものだろう。

と、だいぶ話がそれたのだが、再びの「ごちそうさん」である。

そんなわけで毎朝、東出さんを「ハンサムな夫」と翻訳しながら見ることとなった。そして、「ごちそうさん、めんどくさいぞ」と勝手にツッコミを入れていた。

†毎朝実施する、翻訳の指差し確認

東出さんを起用した理由を一つに決めるのも失礼だが、身長が大きな要素だったことは想像にかたくない。所属事務所のホームページによると、一八九センチ。みんなが着物で暮らしていた「ごちそうさん」の時代には、たぶんほぼ一〇〇％いなかったであろう高身長女子・杏ちゃんの一七四センチと比べて、十五センチも背が高い。

二人ともモデル出身、スタイルがよいから、並んだシーンなどバランス抜群、文句なしにカッコいい。

日本の芸能界はジャニー喜多川さんゆえに、小柄男子が跋扈しているからなー。背の高い俳優は貴重なんだろうなー。そう思いながら「ごちそうさん」を見続け、終盤に入り、悠太郎は四十代から五十代へと突入していった。と、ここでまた、一つの問題が。

東出さん、童顔なのだ。元気な声の持ち主でもある。だから髪の毛の感じなどで「年、とりました」感を上げようとしていたが、これまた「年、とったのね」と翻訳せねばならず、「ハンサムなのね」「年とったのね」とふたつの翻訳を毎朝実施。これじゃあ翻訳の指差し確認じゃん。

などという日々から時が経ち、東出さんも俳優としてのキャリアを順調に重ねている。

私は最近、NHKのEテレに出ている東出さんを見て、彼が落語に大変造詣が深いということを知った。番組中、東出さんは、落語は季節を感じるのにとてもよく、こんな季節にはこんな噺といくつもあげていた。それが渋好みというか玄人っぽいチョイスで、春風亭一之輔さんに「通ですなー」と言われていた。

杏さんは大変な読書家で歴女だということが有名になったから、ああ、お似合いの二人なのねと思いながら、最後にまた、「ごちそうさん」のキムラ緑子さんの嫁いびりシーンの話。

嫁いで二日目。め以子は朝ごはんにスープを出そうと、前の晩に洋食屋を営む父直伝の「フォン」を作る。だが翌朝、台所に行くと、なぜかお鍋が空っぽ。

義姉の仕業ではないかと不審がるめ以子。そこへ起きてきた夫は、その話には触れず「祝言をあげたい」話を展開（ほら、ダメ夫でしょ。ここはフォン問題！）。するとと姉が、あくびをしながらこう返す。「ごめんなあ、なんや、ゆんべ、よく眠れんで」。そして、こう続けた。「夜中に、大きい人らがドッタンバッタンしてはったさかい。それで鍋、ひっくり返ったん違う？」

あらあら、和枝さん、きわどいボール投げますねー。「大きい人らが、ドッタンバッタン」って。NHK、これありなんだー。へー。

すみません、私、東出さんと杏ちゃんの結婚を聞いた時、このくだりを思い出しちゃいました。

きゃー。

【コラム●主題歌】ああ、ミスチル

NHKは朝ドラの主題歌を、自ら作詞作曲する系のアーティストに頼むのが好きだ。椎名林檎（「カーネーション」）、ゆず（「ごちそうさん」）、絢香（「花子とアン」）、中島みゆき（「マッサン」）、宇多田ヒカル（「とと姉ちゃん」）。紅白歌合戦に出てもらうためかしら？

「べっぴんさん」はミスチルの「ヒカリノアトリエ」だった。ミスチルはMr.Childrenの略だという程度の知識しかもちあわせていない私だったから、とにかく驚いた。歌詞がわからなすぎる。日本語の区切りとメロディーの区切りが違うのが、最近の歌の常識とは承知していたが、その範疇を超えていた。

「あめ、あ、がーりのーそらに」で始まる。これは「雨上がりの空に」とわかる。その後は「なっなーいろの、にっじーがかかる」。「七色の虹がかかる」だ。ここまではオッケー。だけど、徐々に難易度が上がる。

「そか」とは一体、誰なのか

「ええそっ、んなに、たんーじゅんじゃない」。多分、「えっ？ そんなに単純じゃない？」だろう。そんなに単純ではないと（あなたは）思いましたね、と理解した。次が最難関。「このむそかでも、そーれぐらいわかってる」。句読点の後は、「それぐらいわかってる」。問題は、その前。理解するとは、漢字で文章が浮かぶことだ。「好むそかでも」と聞こえた。「そか」って何？ 毎朝、ここまで聞くと「そか」がハテナとともにやってくるようになった。「好む」と「そか」が結びつかず、

「それぐらいわかってる」とも結びつかない。

理屈で考えると、「私が好むところのそか」と考えるのが、普通だろう（多分）。私が好むところの「そか」でも、雨上がりの空に虹がかかるほど、（人生は）単純でないことくらいわかっている――ミスチルは、そう言いたいのか。「そか」は、もしや人生の達人なのか。

まだ謎は続く。ややあって、「例えば百万回のきっ。たった一度ある奇跡」と聞こえてくる。何度聞いても、そう聞こえる。この「き」は「木」？　まさか、まさか。「機」と発音して「チャンス」というのが妥当な線か。

英語より難しい

そんなわけで「好むそか」と「きっ」で毎朝、小さくイラっとした。ミスチルめー。

そして。この文章を書くにあたり、こうとう調べてみた。歌詞を。驚いた。「好むそか」ではなかった。なんと「この夢想家」だった。オーマイガッ！

「好む」と思い込んだ過ちを認め、百歩譲ったとしても、「この、むそか」だ。どうすれば「この夢想家」と聞こえるのだろう。ついでに「えっ？　そんなに単純じゃない」と聞こえていた「えっ？」は、「って」だそうだ。

正解をまとめると、「雨上がりの空に七色の虹が架かる。って、そんなに単純じゃない。この夢想家でもそれくらい理解ってる」。これ、英語のヒアリングより難しいと思う。

さらに「き」は「機」でも「木」でもなかった。「うち」だった。「例えば百万回のうち、たった一度ある奇跡」だった。

ああ、ミスチルの道は、あまりにも険しい。

第二章

色気にやられる

1 恋に落ちるのは、瞬間のことだから「カーネーション」（二〇一一年下期）

耳の不自由な女の子と、図書館司書のお姉さんが出てくるコマーシャルをご存じだろうか。週末の午前中に見ることが多いが、平日の夜に出くわすこともあって、油断もすきもないのである。

どこらへんが油断もすきもないかというと、見るたび泣かされるのだ。いい大人が、かっこ悪い。

だけど女の子は可愛いし、お姉さんは優しいので、ウルっとしてしまう。最後に「言葉と、生きていく。聖教新聞」のナレーションが入り、複雑な思いが去来する。泣きのち複雑。アンビバレンツな日々。

というくらい、涙腺が弱い。どんな時に泣くのかなあと自己分析するなら、健気系に弱い。朝ドラでいうなら、「ちりとてちん」「ゲゲゲの女房」「あまちゃん」「ひよっこ」。このあたりは泣きまくりで、イコール好きな作品だ。

だけどひとつだけ、例外がある。「カーネーション」だ。大好きな作品だが、ほとんど泣かなかった。ゼロではないが、ごく少なかった。

健気ではなかったのか、というと、そんなことはない、主人公は十分に健気だった。ではなぜ泣かなかったのだろうと振り返るに、強かったからだと思う。主人公が強く、主演女優が強く、作品が強かった。

だから私は、「カーネーション」を泣かずに見た。息を止めるように、という表現がよいかもしれない。そんなふうに見た。

†「女であることの哀しみ」が底に

「カーネーション」は、「コシノ三姉妹の母・小篠綾子をモデルにしたドラマ」である。大正二年、呉服屋の娘に生まれ、二十一歳で洋装店を立ち上げ、娘三人をコシノヒロコ、ジュンコ、ミチコという世界的ファッションデザイナーに育て上げ、晩年に自身のブランドも立ち上げた。そんな女丈夫の九十二年にわたる人生。

だがドラマは、小篠綾子という「史実」をなぞるだけでは全くなかった。物語の底に「女であることの哀しみ」が流れていた。だから、人ごとでは済まされない気持ちになった。

女であることの哀しみをたたえながら、強い主人公が問いかけてきた。男と女の違い。

仕事をする意味。戦争のくだらなさ。そして、愛すること。孤独。他にも、たくさんのこと。

涙をこぼさせる、ゆるさのような、すきのような、そういうものがなかったのかもしれないと、今は思う。

主人公の小原糸子（尾野真千子）は、いつも戦っていた。女だからこその戦いに、いつも挑んでいた。同時に隣にいる人（ほとんどが女性だ）の戦いに、手を差し伸べる力があり、その強さは見惚れるほどだった。

そんな女子だからこそ、糸子のただ一度の恋は、朝ドラ史上もっとも切ない恋だったと思う。自分に重ね、見ている女子をうっとりさせ、そして悲しくさせる恋だった。

†「既婚者」だからの隠微さ、熱っぽさ

糸子が好きになったのは、周防龍一という長崎から来た洋裁の職人だった。演じたのは、綾野剛。たった三週間の出番だったが、初めて見る背の高い、切れ長の目の俳優の登場は鮮烈だった。成り行きを追いかけるのに必死で、仮面ライダー出身だとかそういうことを知るのは、画面から消えた後だったたし、綾野の名前は定着していなかったから、朝ドラトークでは誰もが「周防さん」と役名で呼んでいた。

「周防さん、カッコいいね」「周防さん、どうなるのかな」

周防という男はごく無口で、被爆体験の陰を身にまとい、たまに語る短い言葉からは優しさがにじむ。ステキさがステキすぎて、私の周囲の女子たちは、みんなもっていかれていた。

だけど、そのもっていかれようは、「ゲゲゲの女房」で向井理に出会った時の、はしゃいだ感じとはちょっと違った。少し隠微で、熱っぽい。そんなだったのは多分、周防という人が、既婚者だったからだと思う。

最初に登場した日から、周防には妻子のいることが明らかになっていた。糸子にも、私たちにも。妻子持ちの周防は、宴席で酔った様子もなく三味線を弾き、誰に聞かせるでもなさそうに「長崎ぶらぶら節」を歌っていた。

糸子は酔っ払っていたけれど、見ているこちらはシラフだ。糸子が恋に落ちた瞬間と、はっきりわかった。恋に落ちるとはよく言ったもので、落ちてから気づく。しまったと思っても遅い。糸子にとって周防との出会いは、そういうものだとわかった。

糸子という女性を、もっと説明しなくてはならない。この恋に至る道を。

「だんじり」という祭りで有名な、岸和田の呉服店の長女で、気が強い。子どもながら「なんで女に生まれてしまったんやろ」と考えている。女は男より弱い、だんじりも曳けない、商売人にもなれないと悩むなか、出合ったのがドレス。そこからミシンとの出合いがあり、早くて力強く布を引くミシンを「うちのだんじりだ」と思い定め、女学校をやめてミシンを使う「パッチ屋」で働きたいと望み、「生意気言うな」と父に何度も叩かれる。それでも糸子はあきらめず、ついには意志を通す。

そういう糸子のりりしさを端的に表す、母・千代の台詞がある。千代は神戸の財閥の娘だったが、花嫁衣装を納めに来た呉服屋の番頭と駆け落ちしたという設定で、麻生祐未がおっとり演じる。駆け落ち相手の善作は、性根は優しい気の弱い人だが、家では大暴君。小林薫が演じ、思いっきり糸子を張り倒していた。

†堂々と伝えることが第一歩

ある日、糸子の妹が千代に話しかける。糸子姉ちゃんはいいなあ、私の着物はお古なのにいつも新品だし、やめたいと言ったら女学校もやめさせてもらえて、好きなことをしている。そう言って着物をねだる。千代は、それなら姉のように、父親に直接頼みなさいと言う。そんなこと、私はできないと言う妹。暴君に挑むのは、誰だって嫌だ。

「好きなことするゆうんはな、見てるほど楽ちゃうんやで。女はよけいや。姉ちゃんはえらいがな。やりたいことあったら、全部自分でどないかする。どんだけしんどうても、音え上げへん。ええなあ思うんやったら、なんぼでもまねしい。けど、まねでけんと、文句だけゆうんはあきまへん」

この言葉をわきでそっと聞いていた糸子がニンマリして、慣れないパッチ屋勤めで泣いていたのが一転、大の字になって寝転がるという場面になって、見ている方もニコニコしてきて、物語の序盤から尾野真千子の女優ぶりに感心したりもしたが、千代の台詞の話を続ける。

これは「カーネーション」が贈る、女子へのエールだと思う。自分で道を開こう。そう励ましてくれる。「成功せよ」とは言わない。「堂々とせよ」と言う。

何かをする時、したい時、一人ではできない。どんな形であれ、誰かの同意なしで進むものごとって、ない。それが社会に生きるということで、同意を得るべき相手は、子どもにとっては家族だし、働く女子なら職場の人たちだ。

そのための第一歩は、気持ちを堂々と伝えること。糸子が生まれたのは大正時代。学校では、女は男に尽くせと教えられる。今は誰も表立っては「男に尽くせ」と言わないが、それでも家族から放たれ、社会に出てみると、そこでのルールは主におっさんが決めている。

そんなことはとっくに知っている。知っているのに、「おっさん、全然わかってない」

とふて腐れ気味な私。そんな時、千代の台詞が戒めてくれる。
正面切って意見を言うこと。音を上げないこと。
したいことをするには、強さが必要だ。

✝「嵩高くない」という夫への評価

さて糸子だ。そんなふうに強くて、まっすぐで一生懸命な子だから、（設定としては）美人でないが、よくモテる。そこからモテ方向に邁進しつつ仕事も極めていくという手もあるし、最近はそちら系女子が推奨されてもいるが、糸子はそうではなく、ラブ方面には疎い子として描かれる。

パッチ屋の後、糸子はテーラーに勤める。先輩職人の勝（駿河太郎）は親切で、他の職人に叱られた時には氷をおごってくれる。糸子はさらに転職するが、それからも「顔を見にきた」と突然訪ねてくる。その意味にまるでピンと来ない糸子だったが、親類を通して求婚され、まあいいかと受ける。勝は婿入りし、糸子が開いた店の二階で紳士服を作り、昭和十七年に召集され、糸子のお腹にいた三人目の子どもの顔を見ないまま、大陸で病死する。

糸子が勝をどうとらえていたか。ドラマのなかで糸子は、ナレーションとして自分の気持ちを語る。自分の店がどんどん大きくなっているタイミングで、こう説明した。

勝さんのいいところは、自分より妻の店が繁盛しても、ひがんだりしないところ。いつも上機嫌なところ。そして、「とにかく嵩高くないっちゅうだけで、うちには十分、都合のいい旦那や。そう思ってました」と。

糸子にとっての「都合」とは、あくまでも仕事だ。仕事を自由にさせてくれる夫が何よりもありがたい。加えて「嵩高くない」。これは、言い得て妙だと膝を打つ。今でもそんな夫は多分、高評価。しかも勝は、糸子が子育てと仕事の両立に行き詰まった時、「弟のところに預けよう」と提案する。「あんたが世話すればよいのでは」とは誰も言わない時代に、これも十分、高評価。

糸子の、本音を隠さない素直さが、女子人気を高めたと思う。夫は長男だが、弟に家督を譲っている。子どもを預けに行った糸子は、弟の方がスペックが上と見定め、それだから夫は婿入りしたのだと結論する。

といって二人は冷めた関係ということはなく、出征後、勝の浮気を知って嫉妬もするし、不在を寂しく思いもする。だがあくまでも、糸子にとって勝は家族でしかなく、「夫にしては、よい人」だったと思う。

結婚したいと言われたから、周囲もよい人だと言ってくれたから、他に好きな人もいなかったから、優しい人だとは思っていたから。だから結婚したのだろう。そうしてみたら、よい夫だった。まじめに仕事はするし、嵩高くない。消極的選択が、当たりだった。

幸せなことだと思う。だけど、それだけでは終わらないのが、人生なのだろう。糸子の場合、恋をしてしまったのだ。周防さんに出会ってしまったのだ、うっかり。

戦後、糸子は同業者の集まる「組合」に参加する。初会合の宴席で、周防と出会う。そこで初めて糸子はお酒というものを飲み、それがおいしいこと、自分が飲める方だということを知る。

話が横道にそれるが、「カーネーション」が放送されている時、それまでの朝ドラとどう違うかという話がよくされていた。不倫を描いた空前絶後の朝ドラというのはもちろんだが、映画的だという人も多かった。光がきれい、アップが効果的に使われている。それくらいは、映画に詳しくない私でも感じることだった。

が、それよりも思ったのは、ヒロインがこれほどお酒を飲む朝ドラはないということと、子どもの泣き声がこんなにうるさい朝ドラはないということだ。

前者については、きっと小篠綾子という人がお酒好きだったのだろう。が、別にそう描かなくてもよいのだ。後者についても、赤ん坊はギャン泣きするものだが、朝ドラの赤ん坊はたいていミーミー泣き、「おー、よしよし」と言うと泣き止む。

だからお酒を飲ませ、ギャン泣きさせること自体すごいことだと思うし、なぜそうなのかもよくわかる作りになっていて、そこもすごい作品だと思う。

†不幸ではない、幸福でもない

本題に戻ると、周防と出会う前、夫の出征から終戦までの戦時下の糸子の暮らしが三週余にわたって描かれていた。家族の疎開先を探し、軍服を縫う仕事を続けてミシンを守り、従業員と家族の食料を確保し、空襲警報のたびにみなを急き立て防空壕に駆け込む。眠くて、くたびれていて、昼なのか夜なのか、よくわからない。まさしく孤軍奮闘だった。

そこから解放され、やっと自由に洋服が作れるようになる。そこで周防と出会う。糸子三十三歳。子ども三人を育てるシングルマザー。マザーだって、恋はする。しまったと思っても、遅いのだ。

組合の会合で、酔った糸子は周防におぶられて帰る。翌朝、二日酔いで記憶も曖昧だが、おぶられて帰ったことは思い出し、もう二度とあの人には会いたくないと思う。でも会ってしまうどころか、一緒に働くことになる。

周防は糸子のデザインした服を「カッコよくて、きれいだ」と言ってくれる。とある修羅場で、身を挺して糸子を守ってくれる。そんな日々が積み重なったある日、飲んで帰る道すがら、糸子は空を眺めてスーッと涙を流す。そこで糸子の声でナレーションが入る。

「あー、うちは恋しいんやな」

戦争の間に、父を亡くし、幼なじみを亡くし、夫を亡くした。心にあいた穴に、周防さんが入ってしまったと続き、そこに台詞。「かなんなー。人のもんやのに」。ほろ酔いが連れてくる、切なさ。人のものとわかっているのに、止められない心。よくわかるから、いつの間にか糸子と一心同体になる。

糸子は周防に告白することにする。それを彼女は「かたをつける」と表現した。堂々と、終わりにする。そんな意味だったろう。

告白の日、それまで着続けていた着物をやめ、洋服にする糸子。自分のデザインした、白と紺のブラウススーツ。洋裁師がなぜいつまでも着物なのかと、放送時に批判していた人もいたようだが、そんなこと、どうでもよろし。周防と洋服を作る仕事をし、その最後の日、告白しよう、洋服で出かけようと、糸子が決めた。それだけだ。

「好きでした。そんだけです。さいなら」。そう告げて、出て行こうとする糸子。周防が後ろから糸子の手をグッとつかむ。抱きしめて、こう言う。「おいも好いとった」。おずおずと背中に手を回す糸子。

きゃー、周防さん、なんて色っぽいの。恋が通じたのね、うれし過ぎる。そう思ったが最後、あとはもう、糸子の気持ちになって、ドキドキしっ放しだった。

関係を隠しながら、糸子の店で働く二人。近づくことはないけれど、時々、目を合わせてくる周防。その瞬間にドキッ。やがて関係が周囲に知られ、とがめられるようになる。周防が「この店ば、辞めましょか」と糸子の耳元でささやき、「そばにおってください」と糸子が返す。その声も色っぽい。だけどはしゃげない。心がチクチク痛かった。

恋が理屈でない以上、好きになった相手に妻子がいてしまうことは、ある。不幸だけど、不幸じゃない。だが、幸福ではない。そのことがわかるから、痛かった。

とうとう親戚や近所の人や店の従業員が集まって、周防には店を辞めてもらえと糸子に迫る事態に至る。大勢の人に囲まれても、そのつもりはないと突っぱねる糸子。そして「(このままで)店を守る。お客の期待に応える。従業員の稼ぎを守る」と宣言し、「えらそうな言い方になるけど、周防さんとご家族の生活も、うちが絶対、守らせてもらいます」と言い切る。

周防の気持ちは、間接的だが、きちんと糸子に伝わっている。糸子を本気で好きだが、被爆の後遺症のある妻を一生引き受けなくてはならない、と。

これはしんどい恋だなあと思う。ドキドキと華やぐ気持ちの後ろから、別れが忍び寄っている。糸子よりずっと長く生きてきたから、それがよくわかる。そして予想通り、二人の関係は、糸子の「守ってみせる」宣言から間もなく終わった。

†成功した起業家ゆえのあやまち

周防を独立させ、隣町に紳士服の店を持たせたことがきっかけだった。糸子は成功した起業家だから、お金を持っている。それが糸子の心の支えであり、それで周防を守れると考えた。だが、違った。

前段として、「饅頭」があった。糸子が周防の仕事部屋に饅頭を持ってくる。手を伸ばさない周防に、「おうちの分は別に買ってある」と箱を出す。饅頭くらい百でも二百でも買える、とナレーションで糸子の気持ちが語られる。

男の沽券などという雰囲気は、周防には一切感じられない。だが、崩れ始めていた。成功した起業家が周防で、糸子が雇われている身だったら、饅頭も店も、二人の関係を変えるきっかけにはならなかっただろうか。ああそれだと、いわゆる「愛人」っていうのになるのか。違うんだけどなー。そんなことを考える。

「テーラー周防」が完成し、店のなかではしゃぐ糸子。だが、空気が違う。「うちは何を間違えたのだろう」と、糸子が涙を流しながらつぶやく。周防は、「間違えとらんよ」といつものように、優しい小さな声で答える。

これが別れのシーンだ。糸子の次の台詞は、「うちは、周防さんをほんまに幸せには、でけへんのやな」だった。周防は糸子を抱きしめ、「そいは、おいもそうたい」とささやく。いつもより、少しかすれた声で。

色っぽく切ない、別れのシーンだった。

場面が変わり、真っ暗な中、ストーブの炎だけが映っている。糸子が周防に、洋裁を始めた頃の話を楽しそうにしている。背中からのシルエット。映画のような、きれいなシーン。そこに糸子のナレーションが重なる。

「この日、うちは生まれて初めて、無断外泊っちゅうんをしました」

そうか。最後に糸子は報われたな。そう思う。

出会いから別れまで、放送されたのは、たった三週。あまりにも濃厚な三週間だった。

無断外泊の翌朝、糸子は周防と契約書を交わす。月々二千円、月賦で店を売ったのだ。集金は従業員にさせると言う。成功した起業家らしい、カッコいいケジメのつけ方だ。もう二度と会うことはないことの表明。だけど、一生、忘れないだろうなとわかる。

†還暦を過ぎてからの、突然の涙

ここから時代は飛んで、糸子の娘たちの活躍が始まる。東京の洋裁学校に行き、賞を取り、店を開き……。それからも十分に面白いドラマだったが、周防さんの不在が私の心に穴をあけた感は否めなかった。

代わりにほっしゃん演ずるところの北村という男が存在感を増し、ビジネスでも気持ちの上でも糸子の腐れ縁というか、そんな存在として描かれる。

北村は糸子をずっと愛しているが、糸子は全く気づいていない。気づかせてあげてもよさそうなのだが、糸子の心の奥の周防への気持ちを純粋に保たせるために、まあ北村が犠牲になったということだろう。私は糸子に心を寄せて見ているから、北村が気の毒ではあるが、色恋抜きの近しい男友だちを得た糸子にホッとした。

そしてここが「カーネーション」の評価の分かれ目なのだが、糸子を演じる女優が交代する。最後の二カ月、晩年の糸子を演じたのは夏木マリだった。交代する前の週、つまり尾野真千子が演じる最終週に、綾野剛が登場することなく、周防と糸子の最後のエピソードが描かれた。終わってみれば、やはりそれが「カーネーション」に心奪われた最後だったように思う。

それはこんな話だった。

還暦を過ぎた糸子が、周防の妻が死んだことを同業組合の組合長から知らされる。月賦の支払い終了後は、なんのつながりもなくなっていたから知らなかったという台詞の後に、ナレーションが入った。

「何回思い出したんやろ、一緒におった時間より、思い出してる時間の方が、ずっと多くなってしまった」

そして、母親と寝床を並べる糸子が映り、周防との回想シーンが入った。最初はモノクロ、そこからカラーに変わって、糸子が周防に抱きしめられていた。

それから二年余り経ち、糸子が末娘に店を譲ろうと決めた矢先、末娘はロンドンに行くと言い出す。それを許すことで糸子の引退はなくなるわけだが、そのあとに再び、周防の話が描かれた。

娘のロンドン行きと、引き続き自分が仕事をすることを報告するため、糸子は組合事務所に組合長を訪ねる。すると、今まで周防がここにいた、すれ違わなかったかと聞かれる。そして周防が長崎に帰ることを知らされる。妻も亡くなり、子どもも独立したから、故郷で野菜でも作るそうだ、と。

ここで糸子が泣くのだ、突然。寂しくないだろうか、一人で、新しいところに行って。

そう言って泣くのだ。

長い長い、糸子の恋。長い長い孤独。仕事でも、娘でも埋まらない。心のある部分の、深い孤独。これを切ないと言わず、何を切ないというのだろう。

いよいよ尾野から夏木にバトンタッチする日、尾野演じる糸子は「孤独」について、北村に語った。これから何人もの人を見送ったとしても、自分は何もなくさない。宝を抱えて生きていく。そう、啖呵を切った。

強い糸子。それも真実。故郷に帰る周防を案じ、泣く糸子。それも真実。尾野の涙が、まるで自分の涙のようで、私はあの日、少し泣いた。

「カーネーション」では、ごく珍しいことだった。

2　大人を出世させた存在感と哀しみと　「花子とアン」（二〇一四年上期）

あるドラマをきっかけに、突如、すごいことになる。これは何も、新人俳優に限った話ではない。

例えば石田ゆり子。一九六九年生まれのアラフィフ。「たまに見るけど、いつまでもきれいだよね」な感じだったのが、二〇一六年に「逃げるは恥だが役に立つ」で毎週見ることとなり、「きれいなだけじゃなくて、キュートよね、恋ダンスも上手だし」になったなーと思ったら、翌年からのコマーシャルがすごいことになった。ビールに缶コーヒーに軽自動車にキッチンリフォームに、その他もろもろ。二〇一七年のコマーシャルの顔。「花子とアン」の後の吉田鋼太郎も、ちょうどゆり子な感じだった。

†「シェイクスピアの人」から「時の人」へ

一九五九年生まれのアラ還。朝ドラはオープニングのテーマ曲に合わせて出演者の名前が流れるが、「花子とアン」の吉田は最後から四番目が定位置だった。後ろに三人の大物が控えているということで、舞台にもちょこちょこ足を運んでいる身としては「あ、シェイクスピアの人だ」と思ったが、テレビの世界ではそれくらいの格だったということだろう。

それが「嘉納伝助」という役を得て毎朝、吉田を見るようになった。当初は「お金だけある下品な人」に見えた役どころが「お金もあるが哀愁もある人」に変わり、女子たちの「花子とアン」トークはもっぱら「嘉納伝助、いいよねー」になっていった。

嘉納という人は最終回よりだいぶ前に「花子とアン」から姿を消してしまい、トークは「寂しいね」「つまらないね」に変わったが、ほどなく吉田のコマーシャルでの露出が増え、放送翌年には雑誌「GQ」が選ぶ「最も輝いた男たち」に選ばれた。他に選ばれたのは、芥川賞を受賞したお笑い芸人の又吉直樹や南アフリカを下したラグビーの五郎丸歩ら。まさに時の人となった。

「花子とアン」はタイトルそのままに、『赤毛のアン』の翻訳者である村岡花子をモデルにしたドラマだ。モデルにした人物とドラマのなかのヒロインが同じ名前というのは実は珍しいのだが、村岡花子をモデルにした村岡花子というヒロインが故郷の甲府を出て東京の女学校に入り、『赤毛のアン』を翻訳、世に送るまでの人生が描かれる。

吉田演じる嘉納伝助というのは、九州の石炭王・伊藤伝右衛門をモデルにした人物。伊藤の妻は柳原燁子で後の柳原白蓮だが、「花子とアン」では葉山蓮子という名で、仲間由紀恵が演じる花子の「腹心の友」である。

ドラマの第一週目のタイトルは、「花子と呼んでくりょう!」。安東はなという主人公が、「はな」ではなく「花子」と呼んでくれと家族にも友人にも言い続けているところからスタートする。愛読者はおわかりだろうが、アンという子も、自分の名前も含めて「名前」にこだわる子だ。孤児院からはじめてグリーンゲイブルズに引きとられた時、マリラに名を尋ねられ、コーデリアと呼んでくれ、と頼む場面は有名だ。

このように、はなとアンは似ているというのがドラマの下敷きになっていて、現実の村岡訳のアンの台詞そのものを、はなに言わせたりする。「腹心の友」もその一つ。もう一つが「想像の翼を広げる」で、小さい頃のはなも、長じて童話作家、翻訳者になりペンネームを「花子」としてからも、結婚して夫が「花子さん」と呼んでくれるようになってからも、この台詞は要所要所で出てくる。

そのように『赤毛のアン』ファンにはうれしい作りだったからだろうか、視聴率は前作の「ごちそうさん」を超えて平均で二二・六%。「朝ドラ、すごいね」感をさらに上げた作品だった。

†ヒロインばかりが幸福を独占する

が、個人的には嘉納という人物以外、どうも乗りにくいドラマだった。主人公が「見ていて小さくイラっとする人」だったことが大きかったと思う。どうしてイラッとするかと考えていて、思い出した言葉がある。

一将功成りて万骨枯る。

花子(で、統一するが)が幸せを得ていくのに対し、周囲の人があまりにも幸薄いのだ。兄と妹二人が特にそうで、それはひとえに父(伊原剛志)のお気楽(に見える)な「はな贔屓」に由来するのだが、他にも幸薄い関係者が花子の周りにはたくさんいる。

花子の家は甲府の農家(小作)ですごく貧しい。学校も満足に行けないが、農業は家族に任せ行商を生業とする父が帰ってきて「学校に行かせねば」となり、妹をおぶって同級生より遅れて通いだす。お弁当も持っていけない。だけど明るく「想像の翼」を広げ、白い雲をご飯だと思ったりする様子が描かれるが、無理あるなあと思ってしまい、ここがつまずきの始まりだったかもしれない。

本の大好きな花子を父が「神童」と見込み、十歳で東京の修和女学校の給費生にさせる。そこはカナダ人の修道女が校長を務め、英語教育に力を入れており、花子は英語をスラスラ読んだり、話したりできる人になる。

対してきょうだいはといえば、兄の吉太郎を賀来賢人、すぐ下の妹かよを黒木華、末の妹ももを土屋太鳳と、今にして思えばなかなかなキャスティングなのだが、兄が奉公に出るのを皮切りに、かよは製糸工場の女工になり、とんでもない過酷な労働を強いられ、親友の死をきっかけに逃げ出す。ももは家にずっといられたが、父の見つけてきた結婚相手が北海道の開拓民で、夫の死後、やはり逃げ出してくる。冬に裸足で畑を耕し、夫の死後は馬小屋に寝泊まりしていたという。

妹二人の逃げ出す先は姉のいる学校、または新婚家庭で、姉との合流直後は複雑な思いを抱くが、最後は「おねーやんも、おらの知らないところで、すっごく苦労してたんだ」などと納得し、感謝さえしてしまう。

当の花子は、自分が家族で唯一教育を受けさせてもらったからこそ今の自分があると、多少の自覚は持っているのだが、これが「(家族には)ずっと感謝しているのよ」的な発言で終わってしまう。

脚本家というかNHKというか作り手側は、女学校卒業時に英語が使える出版社に内定していたのを蹴って故郷の代用教員になり、六年間続けたという花子の選択が免罪符になると考えたかもしれない。

だけど、教師を辞めて東京に戻って出版社に勤めてからの花子は、妻帯者と知らずに人を好きになり、妻帯者とわかって悩み、そのことに気を取られて仕事の失敗を繰り返し、「申し訳ありません」と謝る様子がどこか他人事に見え、「私が上司だったら、お仕置きじゃ」と思って見ていると、なんだか周りの人が助けたり、「上の空で仕事をするなら、故郷に帰りなさい」と上司が逆に助け船を出したりして、みんな優しすぎる。

✝恋愛方向での「万骨一号」と「二号」

なんでこんなジコチュウな子が、とイラッとして、六年間の故郷での暮らしくらいでは、許してあげない私なのだった。

その上、恋愛方向でも花子は「一将」で、幼ない頃からはなを好きなのに、ちっとも気づいてもらえない朝市（窪田正孝）が「万骨一号」で、後に夫となる村岡英治（鈴木亮平）の最初の妻（中村ゆり）が「万骨二号」だ。

特に気の毒なのが二号で、そもそも村岡と結婚してすぐに結核になり、ずっと入院しているのだ。花子は村岡が妻帯者だと知らずに告白し、流れで村岡と花子は雨の晩に抱擁しあう。が、妻のいる村岡は理由も告げず、ただ「忘れてください」と言う。のちに花子が妻の存在を知るのは先ほど書いた通りだが、なんと妻の方から離婚を申し出てくる。

というのも、花子の翻訳する『王子と乞食』が雑誌に連載され、村岡が挿絵を描いている。村岡は印刷会社の副社長なのだが、挿絵も描くのだ、なぜか。その絵を見た妻が、夫はこの翻訳者を愛していると悟り（！）、離婚を申し出る。離婚して間もなく妻は亡くなり、晴れて花子と村岡は結婚する。

って、やっぱり、一将だけすっごくうまいことといって、万骨は枯れてるでしょ。

というわけで、私がこのドラマで好きだったのは、花子という一将に負けない存在の人たちで、その一人、女学校で最初に友だちになる醍醐亜矢子（高梨臨）というお嬢さまは、内定を蹴った花子の後釜として出版社に入り、キャリアを着実に重ねながら、お嬢さまパワーとでもいうのか、優しさや親切さ、鷹揚さといった「善き心」を保ちながら我が道を行っていたから、登場のたびに「醍醐さーん」と応援していた。

そして別格だったのが、葉山蓮子。花子の女学校時代の「腹心の友」にして、嘉納伝助と結婚し、白蓮として歌を詠むようになり、他の男と駆け落ちする。そういう大物感をにじませる仲間由紀恵。

と、やっと嘉納伝助にたどり着いた。蓮子が倒すべきラスボス。二十五歳年上で、お金で蓮子を買う結婚相手。

出版社に印刷会社、嘉納の秘書や取材に来る新聞記者……ビジネスシーンの男性は全員、背広に帽子なのだが、嘉納だけはいつも紋付袴に帽子をかぶっている。「裸一貫で巨万の富を築いた田舎者」としての垢抜けなさか、意固地さか、そういうものの象徴としてなのだろうが、吉田が堂々と着こなし、カッコいい。が、振る舞いは下品中の下品で、最初の見合いシーンからパワー全開だった。

†品が悪い↓優しい↓悲しい、その繰り返し

赤ワインをズズッと音を立てて飲み、それをあご髭に垂らし、ひとことも発することなくジロジロ蓮子を眺める。全身から出る「品ないです。図々しいです」オーラ。

蓮子は芸者の子だから伯爵家ではずっと疎まれていて、嫡男である蓮子の兄は莫大な結納金目当てで強引に話を決める。

だから結婚式で蓮子は、「嘉納を軽蔑してます」オーラを出しまくる。嘉納が盃を渡そうとするが無視。嘉納は嘉納で、出席者が豪華な花嫁衣装を見たいと蓮子に近づいて来ると、喜んで蓮子を立たせ、「回れ回れー」と命じる。

うわ、最低、と見ている方も思うわけだが、式が終わると嘉納は蓮子に「くたびれたか」と聞いて、「何遍も回らせて、悪かったね」と謝るのだ。

あら、優しいみたいじゃん、そんな悪い人じゃないかも。そう思わせるのだが、もちろん図々しさも品の悪さも消えはしない。

亡くなった前妻に子どもはいないという触れ込みだったのに、外の女性に生ませた女の子が普通に食卓に座っていて、女房気取りの女中は多分「不適切な関係」の相手で、存在そのものが嫌味。気の毒な蓮子だが、嘉納が表現するところの「お姫さま」だから負けはしない。嘉納と娘にナイフとフォークを使わせ、「お父さまと呼びましょう、大きいのですから」と家庭改革に乗り出したりして、この頃はまだ多少前向きな蓮子だったのだが。

花子が代用教員時代に書いた「みみずの女王」という童話が賞をもらい、それが掲載された児童雑誌を蓮子が読んでいる。そこに、嘉納が帰ってくるというシーンが、結婚してしばらく後にあった。

「あんたは、本ば読んでる時が、一番ご機嫌がいいっちゃね」

うれしそうな嘉納。自分は本は好きでないのだと続けるが、そこに「好きではないのでなく、読めないのだと蓮子はとっくに気づいていました」とナレーション（美輪明宏）が流れ、このあたりから嘉納の図々しさと優しさに、哀愁という要素が加わり、品が悪い↓優しい↓悲しい、その繰り返しになる。

蓮子が一流の演奏家を招いて自宅でクラシックの会を開くと、嘉納はバリバリと煎餅を食べる。お金を無心に来た蓮子の兄に札束の詰まった箱を「お中元たい」と渡し、「おまえのために払う金ち思ったら、惜しいことはない」と言い、見ている方は本心とわかるのだが、蓮子は「金、金、金、いつもあなたはそう。私は芸者ではありません」と反応する。すると嘉納は「なんば言いよるのか」と言ってから一拍置き、「こげな、高い、芸者がおるかー」と大きな声で言う。

この時の吉田の声が、「舞台で鍛えた」と書いてしまうのは単純すぎるかもしれないが、品がよいのだ。威圧感はあるが、恐怖感を抱かせない。品が悪い人を、品よく演じる吉田。そこに色気が感じられるから、これを大人というのだなあ、と女子心はもっていかれる。

†「最後の人」仲間由紀恵の名演技

だが、蓮子は一向にもっていかれず、二人はすれ違う。受け入れられない嘉納の愛。表現が下手すぎるのだ。そう、「金」になってしまう。

蓮子の短歌を本にする時も「この嘉納の嫁が作る本たい、金に糸目はつけんでよか」と言う。駆け落ち相手となる帝大生に出会った蓮子が、遠距離恋愛に悩む人妻として沈んでいると、「元気がなかったから」と買ってくるのはティアラ。「なんとかいう国の皇太子」の結婚式でしていたのを、欲しそうに見ていたから、と。

日に日に蓮子より、嘉納に肩入れしたくなってくる。品の悪い人を品よく演じる吉田ゆえ、嘉納の悲哀が痛いほど伝わってくるのだ。

嘉納が蓮子に愛を告白するシーンがあった。きっかけは娘である。蓮子は娘を教養ある淑女にするため母校の修和女学校高等科に入れようと考え、食事中にその話をする。不器用そうながら、ナイフとフォークを使う嘉納が聞いている。ああ、蓮子に合わせる努力をしているじゃないかと思わせた矢先、スープ皿をまるで茶碗かのように持ち上げ、直接ズズッと飲む。

嘉納は蓮子の考えを入れず、娘に縁談をもってくる。頭取の息子だという。ここで蓮子に火がつく。十四歳で嫁がされ十六歳で子どもを産み、その子を取り上げられ離婚された悲しい過去があるから若い結婚に反対なのだが、それは言わない。黙って縁談を進めるなんて卑怯だと言う。おまえは口を出すな、女に学問はいらない、学のある女は好きでないと歩きながら言う嘉納に、ではなぜ私と結婚したのかと問う。

歩みを止める嘉納。「そりゃあ」と言いながら、蓮子の方を振り返る。「惚れたとたい」。そして蓮子に近づき、「なんちゅうか、その、一目惚れってやつで」という言い方に、これまでなかった嘉納の可愛げが見えるのだが、蓮子は「一目惚れなど初めて伺った」と返す。さらには大きな声で、「お聞きします。あなたは私のどこを好きになったのですか」と問う。

答えは、「華族っちゅう身分と、そん顔たい」。そんなものは愛ではないと返す蓮子。「あなたは何一つ、私を理解しようとなさらないじゃないですか」という叫びに、「黙らんかー」と嘉納が言い、蓮子の口を両脇からぎゅっとつまむ。「おまえの身分と顔以外、どこを愛せるというのか」と、嘉納はダメ押ししてしまう。

怒りで燃える蓮子の目に涙が浮かぶ。嘉納の顔は悲しみにあふれている。蓮子の顔から嘉納の手が離れる。見開いていた眼を、蓮子がつぶる。すっと一筋、涙がこぼれる。

出演者紹介で吉田が紹介されるのは最後から四番目、と書いた。最後は、仲間由紀恵。その場所にふさわしい名演技だった。

そこからがこの夫婦の第二章で、蓮子の駆け落ちへの道の始まりだが、駆け落ち相手の帝大生が今ひとつハンサム度に欠け、「ふーん」くらいで眺めていた。私なら絶対嘉納を選ぶが(ま、身分も顔もないわけで)、愛のない育ちをし、誰かを愛したいと強く願う蓮子が、遠慮なくオラオラ言ってくる帝大生に魅かれてしまうのも、わからないではない。

蓮子が走りに走って帝大生の待つ場所にたどり着き、ひしと抱き合う駆け落ちのシーンで、美輪明宏の歌う「愛の讃歌」が流され、感動的と話題になった。美輪の歌はさすがなのだが、私はこの愛の成就には感動せず、むしろ贔屓の嘉納がこれから感じるであろう悲哀を思い、胸が痛んだ。

†救いとなったヒロインの眼力

ここからも、蓮子の離婚宣言が新聞に載り、嘉納の反論も載り、帝大生と嘉納が直接対決し、蓮子の兄が嘉納に謝りに来るなど、駆け落ちの顚末は続く。そこで嘉納が男気を見せる。

帝大生と鉢合わせした嘉納は、「おまえかー、殺しちゃる」とのしかかる。が、蓮子が出産間近と知った途端、力を抜く。ハハハハと力弱く笑い、ゆっくり起き上がり言ったのが、「小切手帳ば出せ」。秘書が差し出すと、朱肉をゆっくり押す。

「金額は好きなだけ自分で書け。出産祝いたい」

きゃー、カッコいい。さすがに帝大生は受け取らないが、やはり嘉納と比べると子ども感は否めない。

蓮子の出産後、腹違いの兄が嘉納を訪ね、土下座する。たまたま同席した嘉納の取り巻きの男たちが、「ここまでコケにされて」と乱暴な振る舞いに及んだところで、嘉納が言う。

「いいか、よーく聞け。蓮子のこつはこれでしまいにする。あいつは、この嘉納伝助が一度は惚れて嫁にした女やき、手出しするヤツがおったら、オレがただじゃ置かんぞ。末代まで、一言《いちごん》の弁明も無用」

「よっ、日本一」と声をかけたいような名調子だった。

そして花子はというと、初対面からこの嘉納の理解者だった。初回から「優しくて、寂しくて、表現の下手な人だ」と見抜く。共感しづらいヒロインだったが、一点、この眼力だけが救いだった。貧しか家に育つんも、悪かことでなか。嘉納になりかわって思ったものだ。

私の一番好きな嘉納の台詞も、花子との会話でのものだった。

カフェーで蓮子を待ちながら、サイダーを飲む嘉納。そこに花子が現れる。蓮子は花子と会うと嘘を言って、帝大生と会っている。そのことを花子は知らなかったが、不穏な雰囲気を察してごまかそうとする。言葉に詰まり、サイダーは好きかと嘉納に尋ねる。そこで嘉納はこう答えた。

「サイダーは、夢の水たい」

初めて飲んだ時、世の中にこんなうまいものがあるのかと腰を抜かしそうになった。そう続けるのだった。

サイダーは、夢の水。

色っぽい男が吐いた、最高に切ない台詞だと思う。

3　おディーンさまよりドキドキさせてくれたもの　「あさが来た」（二〇一五年下期）

「あまロス」→「ましゃロス」→「あさロス」。

失って寂しいと話題になったものシリーズを、失った年代順に並べてみた。念のためだが、「あまちゃん」（二〇一三年）→「福山雅治」（二〇一五年）→「あさが来た」（二〇一六年）と二つも我が朝ドラが入っている。

寂しさのインパクトなどに違いはあろうが、共通しているのは「あ行」「ま行」それと「さ行」を失うと寂しいらしいということだ。となると、次に来る「ロス」はもうはっきりしている。「あ行」「ま行」で構成される「あむロス」。二〇一八年九月、安室奈美恵ちゃん引退後の「あむロス」は、きっと社会現象になる。

と予言（！）したところで、「あさが来た」なのだが、今となっては「おディーンさま」を生んだドラマ、または「おディーンさま」が一番輝いていたドラマとしての記憶が鮮明ではないだろうか。

あ、もしや私ってば、いま、ディーン・フジオカファンを敵に回してしまったかしら。

だが「あさが来た」の意義（？）は、おディーンさまのみにあらず。二三・五％という平均視聴率が、二十一世紀における朝ドラ史上最高だったのだ。ちなみにこの数字、二〇一八年三月現在も破られていない。

視聴率の高さと自分の好みが必ずしも一致しないことはすでに書いたが、そんな私も放送開始からしばらくは、「これは『カーネーション』や『あまちゃん』級の傑作では」と大注目していた。だが途中から、「山王寺屋ロス」というか「はつ＆惣兵衛ロス」になって、「五代さま」（あ、これがおディーンさまの役どころですね、言うまでもないですが）の人気が出る頃には、「普通によくできた朝ドラね」に転じ、毎日見てますが、さほど萌えません、になってしまった。

†親になってからでわかる若手の力量

「あさが来た」でしみじみ感じたのは、朝ドラに出演する若手俳優の力量は、親になって以後をどう演じるかでわかるなあ、ということだ。

はつ＆惣兵衛を演じた宮﨑あおい＆柄本佑はうまい！　結婚前、実年齢より若い時代から演じる二人だが、時間が進むにつれ、ちゃんと親に見え、祖父母に見えた。特に柄本の晩年など、実に哀愁のある老けっぷりで、感心しまくった。

ついでに「カーネーション」のヒロイン尾野真千子は、長女役の新山千春と同じ年生まれなのに、まるっきり「お母ちゃん」に見えたなあなどと思い出し、「老ける俳優は大成する」の法則を勝手に打ち出したことも書き添えておくぞ、と。

そんなわけでまず、はつ&惣兵衛のことから。

出だしは江戸の末期、京都一の両替商の娘・あさと姉のはつが対比的に描かれる。「パタパタパタ」と凧を背負って木から飛び、ソロバンを「パチパチはん」と呼んで愛でるヒロインのあさ。おてんばで、学問好き。「なんで、なんでどす?」と疑問を口にするたびに、父親から叱られる。

なぜ弟が論語やソロバンを習っているのに、女は習えないのか。なぜ私たち姉妹は生まれたときから「許婚《いいなずけ》はん」という人がいて、物のようにもらわれていくのか。

朝ドラの王道、典型的なおてんばである。

一方で姉のはつは、お琴が上手で針仕事が上手。父母が決めた許婚のもとに嫁ぎ、「お家《いえ》を守る」のが自分の道と思い定めている。

ヒロインの正反対、おしとやかで家庭的という設定だが、それだけの単純な存在ではないことは、子役時代から描かれている。

枕を並べて寝床に入ってから、嫁ぐのは不安だ、ずっと家にいたいと姉妹して泣く。大泣きしたのははつで、お姉ちゃんが泣くなんて珍しいとびっくりし、つられて泣いたのがあさ。なのに翌朝、あさが目を覚ますと、はつはもうすっかり身支度を整え、朝ごはんの支度を手伝っている。あんなに泣いていたのにとあさに言われるが、泣いてなどいないと否定する。

明治の時代に実業家になっていく（ことが初回に描かれる）妹とは別の「強さ」を持っている姉。この対称が、ドラマを引っ張っていく。

†成功が約束された妹と、不幸の予感満載の姉

予め成功＝幸福が約束された妹に対し、姉は不幸の予感満載で事態が進行していく。二人とも、許婚は大阪にある老舗両替屋にいる。あさは加野屋の新次郎、はつは山王寺屋の惣兵衛。同じ大きな両替屋なのに、全然違う。加野屋の店先には愛嬌たっぷりの招き猫が置かれている。山王寺屋に飾られているのは、冷たい目をした能面だ。

はつを山王寺屋で待つのは、笑わない惣兵衛と、マシンガントークで「大阪一の両替屋」をアピールしまくる、気が強い意地の悪い姑（萬田久子）。資質を見抜き、そろばんを幼いあさにくれた優しい新次郎（玉木宏）が待っている加野屋に比べ、子役時代からその環境の過酷さがビシビシ伝わって来る。

幼いあさが、惣兵衛（最初から柄本が演じている）に向かって、「お姉ちゃんに笑ってあげてください」と直訴する場面があるのだが、そのシーンの怖いことと言ったら。「一つお願いがございます」というあさの第一声への反応が、「お願いやて、おまえがこのわしにか」。姉は優しくしっかり者だが、知らないところに嫁ぐのは不安なのだ。だから山王寺屋さまが一度ニコリと笑ってくれたら、どんなに気が楽になるか。そうあさが訴えると、こう返す。「何でわしがおまえに、そんな指図受けなあかんねん」。そして、「おはつも辛気臭い女子《おなご》やが、おまえよりはまだましやな」と捨て台詞。

一貫して無表情に演じる柄本だが、「辛気臭い女子やが」と「おまえより」の間に、「はっ」と小さく笑いをはさむ。それが怖くて冷たくて、明日も見ずにはいられない。そんなはじまりだった。

そうして子役時代が終わり、あさが波瑠になり、はつが宮崎あおいに代わり、二人の嫁入り直前、もっと心凍るシーンが待っていた。

新次郎と惣兵衛は、じつは幼なじみ。この二人が飲む場面で、惣兵衛が母の言いなりになっているという話を、冗談っぽく新次郎がすると、惣兵衛、真顔でこう反応する。

「わしな、いつかあのお母ちゃん、こっそり殺したろ思うてますのや」

跡取り娘の母は、入り婿の父も一人息子の自分も、家のための道具としか思っていない。

だからいつか折檻せねばならないのだと続ける。「折檻」という言葉が「殺したろ」より怖ろしく響いてきたと思ったら、惣兵衛は女なんて嫌いだと話し始める。女はみんなずるく、煩わしく、意地汚いからと。

子どもの頃の惣兵衛は、明るくておもろい子だったという新次郎情報も入るから、母との関係が問題だとはわかる。が、それにしても、これは絶対、はつは不幸になる。と思わせつつ、はつもそんな予感を抱きつつ嫁ぎ、程なくしてあさも嫁ぐ。

†和室いっぱいの反物と「露芝」

そこからもしばらくは、あさの嫁いだ加野屋とはつの嫁いだ山王寺屋が半々ないしは六分四分くらいで描かれていて、その頃は夢中で見ていた。時代は明治維新に向けての動乱期。徳川家から新政府へという大きな流れへの対応が、両家の命運を大きく分ける。加野屋はあさという後々の「日本初の女実業家」の奮闘を得て、なんとか踏みとどまる。同時進行で山王寺屋の没落が描かれる。が、そこに至るまでのほんのつかの間、両家がまだ「大阪で一二を争う両替屋」だった頃のこと。「はつ&惣兵衛」のきれいな場面があった。

惣兵衛というのは、冷たいにしてもどの程度冷たいのか、ほんとのところ、はつはどのくらい不幸になるのか、まだ見極めがついていないなか、山王寺屋の廊下。若夫婦と舅

（辰巳琢郎）、姑がいる。

「季節がわりの着物や」と舅が障子を開ける。大きな和室いっぱいに、反物が並べられている。惣兵衛がはつに贈り物をしたい、そう言って取り寄せたと舅が説明する。「だんなさまが？」と少し驚いたように言ってから、「おおきに」とはつが声を弾ませる。珍しく漂う幸福の香り。選びきれない、どうしようと言ってから、「露芝《つゆしば》なんて、少し地味やろか」と小さな声ではつがつぶやき、薄い色の反物を手に取る。

惣兵衛は相変わらずの無表情。やおら「地味やな」と返す。はつの選択を否定するのか、と少し身構えて見ていると、「せやけど、ええやないか」と続いて、安堵する。

「露芝は派手さはあらへんけど、美しい柄や。はんなりしているようで鋭さもある」

相変わらず下を向いたまま。だがその台詞で、惣兵衛は心の底から冷たい人ではないであろうこと、はつに出会って心のなかで何かが溶け始めているであろうことが伝わってきた。

そこからはつ＆惣兵衛の物語が、一挙に幸せ方向に転がるなら、まあ私の心のノートに「柄本佑はうまい」と書いて終わるところだったのだが、そこからもはつの幸と不幸のジェットコースターは止まらなかった。

時代への対応がうまくいかない山王寺家で、苛立つ姑の嫁いびりが加速し、はつはある日、蔵に閉じ込められる。惣兵衛、蔵の前に。「開けたらあかんで」と母の一言。惣兵衛、去る。ひ、ひどい。

はつ、食事を取らなくなる。一人の大きな部屋に立派な御膳が運ばれるが、手をつけない。そこへ惣兵衛。「おまえはうちの子を産まにゃならんから、食え」。そのまま、去る。つ、つめたい。

姑とのいろいろがあり、はつ、井戸に落ちる。惣兵衛、すごい勢いで駆け寄る。綱を柱に巻きつけ、ぐんぐん降りていく。「よかったー、死んだかと思った。よかったー」。はつをひしと抱きしめる。そうだったのね、惣兵衛。よかった。ステキ。

†ふてくされず、優等生でもなく

結局、山王寺屋はやっていけなくなり、夜逃げし、農家の納屋に身を隠しながら、百姓仕事を始める。落ちぶれながら、はつと惣兵衛、よい夫婦な感じで回りだす。はつと舅が野菜を作り、惣兵衛が行商に出る。

そこではつ、妊娠。惣兵衛に伝えようと、心躍らせる。が、その日、惣兵衛は帰宅せず、そのまま失踪。えー、なぜ、また不幸？　ひきつけて離さない巧みな脚本。

宮崎あおいも上手だとしみじみ実感。不幸をじーっと受け入れる、そのなかでも小さな喜びに顔を輝かせる。それもほんの一瞬。また不幸が降ってきても、ふてくされることなく、過度に優等生でもなく、なんというか、人生と折り合いをつけていこうという意志のようなものが伝わる。口角を少し上げる。それが演技になっている。うまい。

惣兵衛は、子どもが三つになる前に戻ってくる。はつが、賭場から連れ戻すのだ。はつに手を引かれ、走る惣兵衛。息を切らし、止まる二人。

ここから惣兵衛の意外な失踪原因が語られる。

納屋での暮らしを、楽しかったと振り返る。土と太陽があって、誰にも気取らない暮らしだった。そう言いながら泣く惣兵衛。はつが背中をさすり、それならなぜ逃げたりしたのかと問うと、こう答える。

「わしが笑って生きたら、あかんやろ」

おまえは器量もよく、気立てもいい。なのに、こんな不幸な目に遭わせたのは自分だ。もう一生、お琴も弾かせられない。なぜ自分が笑って暮らせるのか、と。惣兵衛の背中が痛々しい。

そうか、自分がいなくなれば、妻は家を出て自由になると思ったのか。

だが、はつは毅然と「自分があの家にいた時より不幸に見えるか」と返す。一緒に来てくれ、見せたい人がいると続け、元の納屋に連れて行く。息子が遊んでいる。

「今さらいいだんなさまになってくれとは申しません。いいお父ちゃんになってください」というはつの名台詞。これから以降、山王寺屋が描かれる頻度が下がっていき、私のこのドラマへの興味はぐっとそがれてしまった。

その前後に五代さまが出てきて、あさを応援し始め、「あらかじめ約束された、あさという女性の成功ストーリー」に思えてしまったのだ。実在のモデルがいて、成功した女性なのだから、あとはいろいろあっても成功するのよね、と思ったし、実際、展開もそうだった。

†おディーンさまの英語はラブの文脈で

五代さまが人妻あさを愛している感じが、例えばもっと出てくると、「カーネーション」における綾野剛と尾野真千子みたいにドキドキになって、私もまた別な方向で「あさが来た」に引きつけられた可能性ありだったのだが、「綾野&尾野」の醸し出していた色気のようなものが、「ディーン&波瑠」からは全く感じられなかった。

で、分析するなら、だからこその「今世紀最高の平均視聴率」だろうと思う。まあ、私はといえば、少ない頻度で出てくる「はつ&惣兵衛」の成り行きを心待ちにする視聴習慣になっていったのだが。

色気はないけれど、「五代さま&あさ」はじつに絶妙に描かれていた。五代さまの愛だ抑制的で、あさはあくまで無邪気。それは人妻にとって危険のない、ちょうどよく楽しい男性との間柄なのである。

洋行帰りの五代は、英語を時々会話にはさみこむ。それはほぼ全部、ラブの文脈で使われる。

例えば、あさが大阪の実業界で徐々に実績をあげ、加野屋の四男坊などと呼ばれるようになる。それを気に病み、五代に愚痴をこぼす。すると五代はこう言う。

「私がハズバンドやったら、あなたにこんな肩身の狭い思いはさせない」

五代が親友を亡くし、落ち込む場面。慰めるあさに感謝の言葉を伝えた後は、英語でつらそうにつぶやく。字幕がこう出る。

「でも君は一番出会うべき人に、すでに出会っている」

あさへの愛を英語で語るディーン。ネイティブ感全開のハンサムな人が、ボソッと英語でつぶやいてくれるなんて、女子にはたまらないわけで、これはおディーンさまにならざるを得ない。

当のあさはというと、「びっくりぽんやー」の口癖に象徴されるように、仕事を追及するという一点以外は天然ボケで、恋とか愛とかは特に苦手分野という設定だから、五代さまは一方的にあさを助ける係になる。

そのうえ大きな手のひらで、あさを仕事に邁進させてくれる夫・新次郎がいる。しかもそれは玉木宏。ハンサム。新次郎は色っぽいしモテモテだけど、あさに夢中、って設定だ。家の外で守ってくれる五代さまと、家のなかで守ってくれるだんなさま。どちらも超ハンサム。これは、働く女子にとってある種の夢だろう。

私は玉木はタイプなので（はい、タイプです）、ひたすら理解のある夫に徹する姿が物足りないようにも思ったが、私のような女子のために、じつは仕事もできる男だが、そうは見せない美学があるのだとちゃんとフォローする脚本になっており、こういう巧みさとともに「女子の夢」が描かれた。夢の先にあるのは、今世紀最高視聴率。

†死にゆく側、送る側、どちらにとってもの「夢」

「あさが来た」が描いた夢は、これだけではない。

死の場面、死にゆく人がみな、家族に囲まれ、ああいい人生だった、と回顧しながら亡くなっていくのだ。みんなのおかげでとてもいい人生だった、おおきに。そう言いながら、みなが死んでゆく。

あさの祖父（林与一）が、家族全員にお礼を言って死んだのが最初、あさの舅（近藤正臣）は妻（風吹ジュン）の膝枕でお伊勢参りの話をしながら死に、新次郎も家族や使用人に別れを告げた後、あさと二人きりになり、あさの背にもたれて手を握り、「あさの手は、柔らかいなー」と言いながら死んでいった。

死んでいく側にも、送る側にも夢のような終わり方。認知症とも無縁、どこで死んでいくのかという不安とも無縁、現代社会ではありえない夢。そうわかっていて、あえて主要人物をそのように死なせたのだと思う。

そして再び、我が贔屓の「はつ＆惣兵衛」。後半にぐっと色っぽいシーンがあった。長男が学校を卒業し、加野屋で働きだしてからだから、現代の夫婦に置き換えるならアラフォーかアラフィフだろう。

加野屋の、長男の寝起きしている部屋に三人の布団。長男は眠ってしまっている。惣兵衛がはつの肩を抱き、腕をそっとさする。長男が起きてしまうとたしなめるはつ。惣兵衛、「こないな立派な家にいたら、なんやちょっと、昔、思い出してしもた」と耳元で返す。

えー、なんでしょ、このシーン。あららら、艶っぽさ爆発なんですけど。照れながら、そう思う私。我らが年代の、ドキドキシーン。セックスレスの時代には、ちょっとした夢かしら、などと。

惣兵衛の最期は、長い名場面だった。看病しているはつに「ちょっとええか」と手助けを求め、長男、次男の名を大きな声で呼ぶ。三人が揃ったところで、こう言う。

「わしな、えー人生やった。えー人生やったー」

肺を患った人が最後に振り絞る声。弱いが、気持ちが伝わってくる。両替屋からみかん農家になって本当によかった、誰に頭下げるでも、愛想笑いするでもなく、土の上に立ち、みかんを作り、家を建て、子育てをし、孫まで見せてもらった。こんな誇りはない。そう言った後、惣兵衛ははつを見て、「だから笑ってくれ」と言うのだ。だんなさまがいなくなったら、私はもう笑えないと泣くはつ。そんな顔するな、笑ってくれと言う惣兵衛。

柄本佑はその時、まだ二十九歳になったばかり。三十歳にならない若者なのに、この演技で私は惣兵衛という人の、たぶん六十年くらいの人生の、すべてをひりひりと感じ、朝から涙を止めることができなかった。

【コラム●常連】 順ちゃんから、駒ちゃんに

朝ドラには、常連の役者がいる。

ビッグネーム枠からご紹介するなら、近藤正臣、宮本信子か。近藤は「カーネーション」（組合長）↓「ごちそうさん」（義父）↓「あさが来た」（義父）と立て続けに三作出演。宮本信子は、「あまちゃん」（祖母）↓「ひよっこ」（勤務先主人）以外にも、古くは一九八一年から計五作に出演しているそうだ。

朝ドラはNHK大阪＆東京放送局が交互で制作し、「大阪（東京）の常連」などとも言われる。近藤は大阪枠、宮本は東京枠だろう。「とと姉ちゃん」（東京）で材木問屋の跡取りを演じた大野拓朗が、「わろてんか」（大阪）ではお笑い芸人キースを演じ、東西制覇。なお、テレビ東京制作のドラマ「三匹のおっさん」では北大路欣也の孫の大学生を演じているから、大野ってば、大小も制覇？

そんな常連ワールドで印象に残っているのは、「ちりとてちん」の順ちゃんが「カーネーション」の駒子になった時の感動だ。

賢い女子が、大人な芸者に

順ちゃんは、ヒロイン喜代美の突然の妊娠↓退職について「あんたは、（落語の）お母ちゃんになるんやろ」と、「真意」を解説してくれた人だ（序章参照）。いつもアワアワしている喜代美は、悩むたびに緑色の公衆電話で「順ちゃーん」と泣いていた。その都度、冷静なアドバイスを返す順ちゃん。

喜代美に好きな人ができた。美人で器用なスーパー優等生の幼なじみ・清海が、彼に接

近、とられそうな気配。電話する喜代美。家業を手伝う順ちゃんは、こう言う。「人の気持ちは、あんたにはどないもならんやろ。がんばってええ女になりや」。サバサバした、賢い女子だった。

それから四年、「カーネーション」に現れた順ちゃん。しっとりした芸者の駒子になっていた。すっかり大人の風情で、切々と心情を語る姿から、年月以上の成長が感じられた。

駒子はヒロイン糸子の最初のお客さんだった。独り立ちしたばかりで、張り切る糸子。出来上がった洋服を試着し、駒子はうれしいと涙ぐむ。泣くほどのことはない、と糸子が言うと、「うちは芸妓やろ」と語り出す。

芸妓は器量で値打ちが決められる。芸を磨いても、本を読んで勉強しても、べっぴんでなかったらバカにされて文句も言えない。だから、こんなべっぴんに見える服を作ってもらってうれしい。これを着て、しょっちゅう街を歩く。お客さん、なんて言うだろう、と。

そして七回目の出演では

「あいつ、あんなべっぴんやったんや」って言うで。これから一緒に歩こ。みんなが見とれるとこ、うちに見せて。そう糸子が返す。二人は同世代だから、「糸ちゃん」「駒ちゃん」と呼び合う。女という悲しみを描いた「カーネーション」は同時に、女同士の連帯も描いた。その最初が、このシーンだった。

順子&駒子を演じた宮嶋麻衣は、今や大阪制作の常連。七回目の出演「わろてんか」では四人の子を持つ芸人の妻として、芸人の待遇改善を席主に訴えていた。

ちょっとうれしかった。

第三章

せっかくなのに、な、なぜ？

1　偶然ってステキ、不思議がデフォルト　「まれ」（二〇一五年上期）

「まれ」というドラマの一番よかったことをあげるなら、「花子とアン」のなかで父親の見つけてきた北海道開拓民のところに嫁ぎ、冬なのに裸足で畑を耕すは、夫の死後は馬小屋で寝るは、再婚後も優しい夫がすぐに結核になるは、とにかく幸薄い系の「もも」が、今度は優しい夫に支えられるは、可愛い双子は生まれるは、パティシエとして日本で五番目になるは、とにかく幸福ばかり転がってくる「希《まれ》」になったことだ。

よかったね、土屋太鳳ちゃん。主人公昇格、おめでとう。

にしても「まれ」というのは、何だったんだろう。

†父、ヒロイン、その子ども、みんな同じ誕生日!?

不思議をあげていけば、きりがないドラマだった。

なぜ希の後輩パティシエ女性は突然、滝川クリステルやＹＯＵの声帯模写で話すのか。

希がすごく大事にしている「魔女姫人形」は父が骨董屋で買ったものだけど、元々は祖母がフランスで買ってなくしたものだった、というのはありなのか。

滝川クリステルは目をつぶろう。だけど、「魔女姫人形」は希という女の子と仕事をつなぐ重要なもので、だからこそ戸田恵子が担当するナレーションも魔女姫だという設定で、かん高いアニメのような声を出していた。

そういう小道具を起点に、祖母から父、そして主人公につなげようという発想は、脚本の作法としてはあるのかもしれない。だけど祖母がフランスでなくしたものが偶然、日本の孫のもとへって。あるかなあ、そんなこと。

祖母のロベール幸枝（草笛光子）はフランスに店を持つ超一流パティシエだが、そのことを希は知らなかった。幸枝の娘で希の母の藍子（常盤貴子）が幸枝と絶縁状態だったから。ここまでは、あるだろう。

フランスで「キッチンウィッチ」と言われる人形を幸枝が買う。「修行時代、弱音は全部、その子に吐いたわ」と述懐するような存在。その人形が、いつの間にかなくなった。これも、あるだろう。

希という娘を持つ父親・徹（大泉洋）が、娘の誕生日（八月十日）にあたり、ケーキを特注しようと考えている。じつは父の誕生日も同じ八月十日なのだが、それは置いておいて、骨董屋で変わった人形を見つけ、その足でおいしいと評判のケーキ屋に行き、「この人形を飾ったケーキを」と発注する。家族でケーキを食べ、娘は人形を「魔女姫」と呼び、大切にする。これも、まあ、あるだろう。

徹は、妻に絶縁状態の母がいることを知っていて、結婚以来、妻に内緒で連絡を取り合っている。だから母が、絶縁状態だった娘を訪ねて来る。これも、あるだろう。

だけど、希が大切にしている魔女姫を見て、幸枝が「この子なのよ、私のキッチンウィッチ。道を見失ってる孫のために、私を呼んでくれたのね」って。これはまた、かなり強引な展開なのでは？

さらに幸枝が続けて言うには、「仕事がうまくいかなくなっていたけど、あなたたちの所に来てフランスに戻ろうと決めたわ、希、さあ、あなたはどうするの？」。その祖母の言葉をきっかけに、市役所に勤めていたけど、本当はパティシエになりたかったのだと気づき、修行に出ることになったって。そんなにパタパタと、物ごとって進むかなあ。

この祖母とのくだりは、「まれ」スタートからひと月半で起こる。「まれ」に懐疑的にならざるをえないでしょ、これは。

付け加えるなら、徹と希は同じ誕生日だということは先ほど書いて、こういうこともあると思う。ただ、希は後に双子を出産するのだが、それも同じ八月十日。365分の1かける365分の1かける365分の1って、天文学的数字では？

偶然って、ステキ。それが「まれ」を貫く価値観らしい。以上終了。さようなら。

というわけにはいかない。「まれ」ってなんだったんだろう。一体、誰に何を届けようとしたのだろう。

†「ダブル田中」のムダ遣い

「まれ」のテーマは多分、「生涯かけてしたいこととは」「それを実現させるとは」。そんなことだろうと思う。堂々のテーマであり、それを「夢」という言葉に象徴させた。

その結果、五十年以上の我が人生で聞いた「夢」という言葉より、「まれ」の半年間で聞いた「夢」という言葉の数の方が多い。そういう事態になった。それほどのわかりやすさもどうだろうという話だが、取り急ぎ論を進めるなら、「まれ」はこんなふうに始まる。

生まれたばかりの長女の命名式。徹が「希という字には、滅多にないものを望むという意味がある。それは即ち夢。人生にはでっかい夢が必要である」と言っている。

次の場面は、十歳の希が小学校で作文を朗読している。「私の夢」というお題。希は大きな声でこう始める。「私は夢が大っきらいです」。「地道に安全に、公務員になって」と続き、「人生は、地道にコツコツです」が締め。

それから数カ月後、一家で能登の外浦村に越してくる。夢が大好きな徹が事業に失敗し、自己破産し、夜逃げ同然で越してきたのだ。と、ここまでが初回。

いい加減な父を反面教師にした、幼い頃から公務員を目指す少女。「夢を追わない」象徴としての公務員という図式も単純だが、先に進む。

一家が住むのが、塩田職人の桶作元治《おけさくがんじ》（田中泯）と文《ふみ》（田中裕子）夫妻の家。昔、民宿をしていたので、空いている部屋がたくさんある。いろいろあったが、そこに格安で住むことになった。

桶作夫妻を演じる「ダブル田中」がいい味を出しそうなことは誰でもわかり、案の定いい味を出すのだが、味の出方はごくワンパターン。

辛辣な言葉を吐き、ぶっきらぼうだがユーモラスな文。黙々と働く、職人気質だがお茶目さを見せる元治。人一倍の強さと優しさを持つことは、二人に共通している。

心に刺さる台詞をボソッと言う二人。で、この「ボソッ」に、希は「ハッ」と気づかされ、人生を変えていく。このパターンが続くから、後半にはちょっと飽きてくる。ダブル田中のムダ遣い。

ダブル田中に限らず、いろいろな人の「ボソッ」に「ハッ」と気づき、即、行動していくのが「まれ」だった。外浦村での同級生にして、後の夫・圭太（山崎賢人）も、ダブル田中以上に「希を気づかせる名台詞」の供給源だ。

†即説明って、会社じゃあるまいし

圭太は子役時代（十歳）から教室で泣いたりして思わせぶりで登場し、それは転校が寂しいからだそうで、でも「ジタバタがんばってるおまえ見てたら、元気出たわ」と子どものくせにそんなこと言うかよ、な台詞を残して希の元を去るけれど、高校生になって再会。その時はもう山﨑賢人なわけで、つまり頭抜けてカッコよく、将来の夫がまるわかりな展開なのだが、とにかく「日本一の漆職人になる」と言い続ける。

最初に希に影響を与えた言葉が「漆はごまかせる。そこがカッコいい。ごまかせるのに、手を抜かないからだ」だった。まあ、何となく、わかったとしよう。で、最初にばらしてしまった「希、日本で五番目のパティシエになる」の巻に影響を与えた言葉はこう。

「いい器って、最後は作り手の中身なんだと思う。自分自身をさらけ出して器に込める。それが人の心を動かすんじゃないかな」

たまにアルコールが入って、若い人に語ってしまう「仕事ってさ」のレベルでしょう、これは。翌日、「うわー、語っちゃったよ」と恥ずかしいレベル。圭太の名誉（？）のために付け足すなら、「まれ」の人たちは、こういう類の語りが大好きだ。「覚悟」とか「腹をくくる」とか、みんなが語る。「そんな程度の覚悟なら、やめてしまえ」は、母も修行先の師匠も、他にもいろんな人が、希に言う。

パティシエになりたいのだという自覚に至る前、輪島市役所産業振興課の移住定住班に配属された希。

移住しようとする人の夢を応援しようと、公務員の枠を超えて奮闘する。だが移住希望者を装った男に漆業界の情報をペラペラしゃべったかどで、圭太が師匠から破門を言いわたされてしまう。圭太の師匠であり、実の祖父である、四代目紺谷弥太郎《こんたにやたろう》（中村敦夫）の所を訪ねる希。

「圭太を応援したい。圭太の夢をずっと見ていたいんです。圭太を許してやってください」

何度も頭を板間にこすりつける。さながら土下座。希、泣いている。移住希望者と信じて男を圭太に紹介したのは希だが、なぜ「圭太の夢」がテーマに？　なぜこれほど泣く？　不思議だ。不思議は「まれ」のデフォルトか。紹介し忘れていたが、配属された産業振興課の課長は、圭太の父（板尾創路）。偶然って、ステキ。

もう一つの「まれ」のデフォルトは、自分の行動の「真意」をその場で説明することだ。

希が母に、パティシエになりたいと告げる場面。これまでは稼ぎの悪い父にかわり家計を助けようと思っていたと言う。それからこんなふうに続ける。「お母さんの喜ぶ顔、たくさん見たかったけえ。せやけど、応援より、自分でやりたくなってしもた。誰かの記憶に残るケーキ、作りたくなってしもた」。

母は母で、ケーキ作りをしたい娘の気持ちに気づいていた、でもそれは縁を切った自分の母・幸枝のパティシエの道に通じるから、心のどこかで「裏切り者」と思っていたと告白し、こう締めくくる。「お母さんはもう大丈夫。もうお母さんを、捨てなさい」

人って、そんなに自分の気持ちを話すだろうか。自分を、自分の行動を、説明できなかったりしたくなかったり。それが、人間ってものではないかしら。それとも私が素直でないだけで、みんな母娘で「ほんとのこと」を語り合っているのかなあ。

素直でない私は、会社じゃあるまいし、と思ってしまう。このような判断だから予算をつけてくれとか、こう状況が変わったから方向を修正したいとか。会社だから、説明は必要だ。だけど人生は会社じゃない。

†全部、「いつしか」。全部、「理解と応援」

その後の展開は、サクッと書かせていただく。

フランス帰りの一流シェフ(小日向文世)のいる横浜の店で修業、圭太と遠距離結婚に踏み切り、能登の食材で鍛えた鋭敏な舌を武器に、シェフからフランス留学を勧められるほどになったところで、能登にいる夫が大変なので帰郷、「塗師屋《ぬしや》」の女将修行をしたけど、輪島の朝市に洋菓子店を開き、はやってきたところで妊娠、産休&育休を経て復帰、双子の子育てに悩みながらも洋菓子コンテストに出て、最初は全然ダメだったけど、最後は五位に。まだ夢の途中だけど、最終回は出演者一同で「さー駆けだそうよー、今すぐにー」と主題歌を歌って終わり。以上。

全体に、「なめてんのか、おい」なのだ。

修業先のシェフが厳しいです↓シェフの家族がいい人で、能登の仲間も家族も応援してくれて、いつしか認めてもらえるようになりました。

洋菓子店を開いたけど、全然売れません↓作りたいケーキと売れるケーキの違いに悩みましたが、少しずつ理解者が増えて、いつしかお客さんも増えました。

双子が産まれて大変です↓夫と母や、塗師屋で働く人たちも応援してくれ、いつしか乗り越えました。

なかなか黒字になりません↓産休に入る前日に来たお客さんが、同じく妊娠中だったけど実はライターで、育休明けにその人がブログで紹介してくれて、いつしか繁盛店になりました。

全部、「いつしか」。全部、「理解と応援」。おいおい、いくらなんでも、世の中そうじゃないだろう。

これはドラマというものをなめてるのか、視聴者というものをなめてるのか、たぶん両方じゃないかしら。

双子の子どもが「いつしか」六歳になって小学校に入るのだが、そこから多用されたのが、「失敗、おっぱい、世界一」というフレーズだ。なんですか、失敗おっぱいって。「失敗しても、夢を持とう」というメッセージをおもしろく可愛く表現し、ドラマのキーワードとする手法だということは、わかる。ドラマのなかでそこに至る道も、描かれてはいた。一応書くと、こうだ。

双子の妹は小さいけれど、好奇心旺盛で元気一杯。兄は体が大きいけれど気が弱い。どうやら失敗を怖れているらしい。なので希が「いっぱい失敗してもいいんだよ」と言う。納得する兄。「おっぱい?」と聞き間違える妹。「失敗、おっぱい」と言い出す二人。そこに希のコンクールが重なり、「失敗、おっぱい、世界一」に至る、と。

この過程も、ドラマ上の狙いもわかった上で、おもしろくも可愛くもない。かわりに伝わってくるのは、受けを狙う半端な計算高さ。しかも必ず子役を飛び跳ねさせる演出。ダブル田中がその場面に居合わせることが多く、見るのがつらかった。

†働くお母さんをなめてないですか

店が順調に回りだし、最終回に向け、テーマを「仕事をすること、母親であること」に絞っていったことはわかった。「ケーキ作りを極める」と「母親であること」。どちらも追求したい。「家庭人」であることが「職業」にいい影響を与え、「職業人」であることが「家庭」にいい影響を与える。そういう道を描きたかったのだろう。

だけど、なんでそういう真っ当な考え方が「失敗、おっぱい、世界一」になるのかなあ？　変なわかりやすさのある表現にする理由がわからない。そのわかりやすさは、働くお母さんをなめてないですか、と言いたい。

そして、すべてが単純すぎる。「いい母」兼「いいパティシエ」になれたよ。ほら、こうしたから、なれたのよ。

その極めつきが、希が「周囲の応援」を得て挑んだ洋菓子コンテストだ。テーマが浮かばないわ↓失敗、おっぱいって言ってるわ↓「母とパティシエ」がテーマよ↓母乳にはグルタミン酸が入ってるわ↓グルタミン酸といえば昆布ね↓双子は味噌汁好きよ↓出汁だわ↓チョコと合うわ↓地元食材と合わせて完成よ。

あまりにも直線的。こんな直線思考で物事が進むなら苦労しないと、少しでも現実と関わったことがある人なら思うだろう。

しかもですよ、このコンテスト、双子の出場する相撲大会が雨で延びて、開催日が重なってしまう。ケーキを作った希だが、やはり相撲大会の応援を選ぶ。こういうガクッと来るシーンは、もう「まれ」では当たり前だからいちいち驚かない。だが相撲大会後、希が店に戻るとバイトの女の子が、「コンテストにケーキを持って行きました」と報告したのには驚いた。本人不在で失格となったけど、「バレる前は一位だったんですよ」って、そうなの？　応援に行く前に作っていたケーキは本番用だったのね。持参したケーキでよいのだったら、みんな有名店のケーキ、持っていってしまわないかなあ？

もちろん、そんな疑問をもった視聴者にはおかまいなしで、わー、うれしいと家族で祝う希たち。そしてまた、ここから周囲の応援と偶然が重なり、パティシエ日本一を決めるコンテストに出ることになるのだ。わー、うれしい。に、私はなれない。

こんな直線思考でない世界を展開するのが、ドラマというものだろう。こんな直線思考でない世界を求めるのが、視聴者というものだ。

ちなみに、日本一を決めるコンテストでのテーマは、夫の「作り手は自分をさらけ出す」という言葉に「ハッ」として決まる。何かというと「夢」。あ、あまりにもストレート。

†しょこたん、「断崖絶壁」の告白

ついでに中川翔子演じる謎めいた女性マキについて。地元の美容院でエステティシャンとして働いているのだが、最終盤に突然、希の店に来て、自分の過去を告白する。私、今さ、男と別れた帰りだったの。転勤で東京に行くっていうから。私、東京にいたことがあるの、歌手志望でね……。

まるでサスペンスドラマの犯人が、断崖絶壁を背に殺人を自白するかのような、長い台詞。その後、マキは「周囲の応援」でプロポーズを受け、東京に行くことになり、マキを送るための歌が作られ、それは「まれ」の主題歌で、さらにマキが能登で歌う動画がネット上で「美しすぎる」と大評判になる様子も描かれる。

なんか、最後にバタバタとマキが目立つ不思議。しょこたんは、朝ドラ初出演だったそうだ。「康介さんを手ぶらで返すわけにいかない」というロンドン五輪後の名台詞が浮かんだ。しょこたん、北島選手だった。

このドラマ、テレビの神さまに悪いんじゃないかなあ。そんなふうに思った。いいドラマ作りなさい、いいドラマを見なさい。テレビの神さまって、そんな感じじゃないかしら。

それなのに「まれ」は、声帯模写おもしろいでしょ、ものごとはうまくいくでしょ、ちょっと可愛い表現って好きでしょ、事情は本人が説明すればいいでしょ、最後はみんなで主題歌合唱よ、なのだ。

「まれ」が残念でならない。高視聴率が約束された朝ドラ枠なのだから、余計がんばらないとダメなのに。せっかくの舞台なのに、なぜなんだろう。

最近の朝ドラは毎回、最後に視聴者からの写真が映るのが慣例だ。「花子とアン」なら「ベストフレンズ」。「とと姉ちゃん」なら「あなたの家族写真」。ドラマにそったタイトルがつき、投稿された写真が毎回一枚、映る。

「まれ」は違った。最後に映っているのは、ずーっと希だった。っていうか土屋太鳳だった。能登で、横浜で、また戻って能登で。笑ったり、アンニュイだったり。前向き横向き、後ろ向き。ブロマイドが古いなら、グラビア写真か。とにかく全部、すっごく可愛い。

そっかー、やっぱり「まれ」は、太鳳ちゃんが「もも」から「希」になったことを喜ぶためのドラマだったのかー。

2　まるで学芸会でも、最後まで見た理由　「べっぴんさん」（二〇一六年下期）

あれは成城学園前の駅近くのワインバーだった。「べっぴんさん」も終盤に入り、主人公すみれ（芳根京子）の娘がジャズ喫茶に出入りしていると大騒ぎしている頃、女友だちと飲んだ。

べっぴんさん、見てる？　なんとはなしに聞かれ、うん、つまらないよねと答えた。確かにつまらないけど、これ知ってる？　そう言って教えてくれた。

「けんちゃん」役の俳優（古川雄輝）は、「けんちゃん」の母「きみちゃん」役の女優（土村芳）より年上なんだよ。

へ、そうなんだーと答えた直後、私はこう返した。じゃあ、「たけちゃん」（中島広稀）がダイハツ・ウェイクのＣＭに出てるの、気づいてる？

ウェイクのＣＭは、メインのマッサン（玉山鉄二）が車の屋根を切ろうとすると、「あんちゃん、ウェイクだよ（エコー　ウェイクだよ、ウェイクだよ）」って弟分が割って入るでしょ。あれ、たけちゃんなんだよ。

えー、そうなの？　そうだよ、テレビ、じっーと見ていて気づいたのさ、えっへん。へー、すごーい。

ほめてもらった。うれしかった。

それが「『べっぴんさん』と私」のクライマックス。だったかもしれない。

うっすいドラマだった。学芸会を見せられているようだった。

平均視聴率は二〇・三％。「あまちゃん」後でいうなら、「まれ」の一九・四％に次ぐ低さ。最高は「あさが来た」の二三・五％で、微差といえば微差だが、実態を表しているといえば表している、と思う。やはり世間の目は鋭いのでは。そんな気がした。

†優等生の中学生が書いた台本みたい

少子化の今も日本を代表するベビー・子ども服の老舗ブランド「ファミリア」をモデルにした物語だ。

女学校の手芸クラブの仲良し三人（すみれ、良子、君枝）に少し年上の看護師（明美）が加わり、戦後すぐにベビーと子ども用品の店を開く。仲良し三人はみんな子どもがいて、夫が復員していないから、できることをして生きていこうと始めたのだ。やがて夫は帰り、店は会社「キアリス」になり、発展していく。

キは「きみちゃん」のキ、アは「あけみさん」のア、リは「りょうこちゃん」のリ、スは「すみれちゃん」のス。絵が上手な「きみちゃん」が、「リス」のトレードマークを描いてくれました。お店を開いて間もなく入ってきた武は「たけちゃん」と呼ばれ、一生懸命働いています。

いつもちゃん付けの人たちが、何かをしている。そんな学芸会だった。

ちゃん付けだから学芸会といっているのではない。そんな雰囲気を保ちながら、大きくなっていく会社の物語を見せるという意図はわかる。そういう人たちだね、なるほど、だから発展したんだね。そう腑に落ちればいいのだ。が、ぜんぜん落ちない。

四つ葉のクローバーが、テーマを象徴するものとして出てくる。主人公すみれの早世した母（菅野美穂）が幼いすみれに、「勇気」「愛情」「信頼」「希望」と四つの葉の意味を語っていたのだ。「全部そろうと幸せになるのよー」と。

それが始まり。最終回の一つ前で、すみれが孫の藍にそれを伝える。「覚えていてねー、大人になっても、忘れないでねー」。

そうねー、大切よねー、三代続いたねー、ほかの人たちもみんな幸せになったねー、よかったわねー。

どんな時に、どんなふうに勇気や愛情や信頼や希望を持つのか、持てるのか。持てない時にどうするのか。人生とは、そういうものの積み重ねなはずだ。それなのに「どんな時」か「どんなふうか」を描かないまま、「勇気と愛情と信頼と希望よ」と台詞で言う。教訓的なことを主人公に語らせる。優等生の中学生が台本を書いた学芸会みたい。

†セットも仕掛けも、安っぽさ爆発

この中学生レベル感、ほかにもいっぱいあったのだが、とにかく気になったのがセットのチープさだ。

たとえばキアリス発展のなかで大きな意味をもつ「大急」百貨店への出店。私は戦後間もなくの「阪急」百貨店を知らないが、「大急」の売り場はどこもかしこも「ベニヤ板製」だとまるわかりで、安っぽさが爆発していた。

大きなセットだけでなく、小さな仕掛けも安い。キアリスが大急百貨店にお試し出店するにあたって作った一日限定二十個の子ども用お弁当箱。アルマイトのお弁当箱に、リスの絵が描いてある。っていうか、描く、四人で。絵の具らしきもので。

えー、洗ったら流れちゃうよー。リスはすっごく可愛いけど、無理でしょ、これ。みたいなことが、しばしばある。

でも、お弁当箱は大人気、キアリスは本格出店に至り、皇太子ご夫妻に生まれたお子さまがお召しの服のご用命もあり、創立十周年も迎え、大急百貨店の正面玄関の展示を任されるまでになる。テーマを決め、展示案を絵に描き、大急社長（伊武雅刀）にプレゼンする。絵を見せる。「テーマは？」と社長が聞く。「女の一生です」とすみれ。次の瞬間、「よー、考えたなー」と社長。えー、社長さーん、それ、そんなにほめます？　ベビーと子ども用品の店を、母親発想で作ったんですよ。すっごく、ありそうじゃないですかー。

で、社長大絶賛のその展示、マネキンが並び、空中にコウノトリが浮かび、袋をくわえている。それだけ。社長さーん、大急百貨店の入り口、こんなんでいいですかーー？

そこからさらに時代が進んで、大阪で開かれた万国博覧会。前年に創業二十周年を迎えたキアリスが、「二十一世紀を生きる世界の子どもたち」というショーの衣装を担当する。せんきゅーひゃく、ななじゅーうねんの、こーんにぃちぃはー。坂本九の歌はほんものが流れるのに、ショーの会場は、まるっきり万博感がない。出演するモデルは十人足らず、吹き抜けの建物の一階でショーをし、二階、三階に観客が鈴なり。というふうに映ってはいるが、ちゃっちい。取り急ぎ風船は飛ばすね、紙吹雪もたくさん降らすね、だから華やかって思ってね。そんな演出。

この点についてはぜひ、どなたかプロの意見を聞きたい。「べっぴんさん」のセットはなぜ、こんなにもチープなのでしょうか。

「家の中」はまだましだが、「会社関連」はダメ。「小さいお店」はまだましだが、「商店街」になるとダメ。これって、予算の少なさ？　やる気のなさ？　センスのなさ？

素人ながら考えた。「あまちゃん」のセットはどうだったかな、「あさが来た」は？「とと姉ちゃん」は？

薬師丸ひろ子が見事な声で「潮騒のメモリー」を歌った「海女カフェ」は、思えばベニヤ板度が高かった。江戸の両替屋というのは、ほんとにあんなだったのか。「あなたの暮し」編集部は「暮しの手帖」編集部とだいぶ違ったろう。が、こんなにもセットのことが気になったのは初めてだ。

それほど描く世界が薄かった。そういうことではないだろうか。だからセットのダメさに目がいってしまう。

†寡黙な子役時代は新鮮だったが

つまりなんなの？　それがわからないドラマだった。

「思いを込めて作る」。「誰かを思って作る」。ドラマで繰り返し語られる、それが「別品」。「べっぴんさん」というわけだ。

そこまではわかった。あとは、自分のできることで社会とかかわること。人を幸せにすることとは——多分、そんなことも描こうとしたのだろう。そんな匂いは感じられた。だが、ひとつひとつのエピソードが、そこに収斂しない。

キアリスができるまでは、まだよかった。

主人公の子役時代は、おてんばで雄弁なのが朝ドラの定番だが、すみれは言葉にするのが苦手な少女として描かれ、新鮮だった。何かを聞かれた時、何かを言いたい時、「なんか、なんかな」、そうすみれは言う。

関西弁ネイティブではないが、「あのね、あのね」で言葉が詰まってしまう感じだろう。そういう子っていると思う。

すみれは、神戸の山の上の洋館に住む少女。対比的に描かれるのが、その洋館で働く女中の娘、明美。あるとき「洋館オープンデー」のようなものが開かれ、明美も参加する。大きなテーブルのお菓子を、じっと見る明美。クッキーやチョコ、舶来品が並んでいる。

そこに怖そうな女中が来る。「これはお嬢さま方のおやつや。泥棒する気か」と叱りつける。明美の母が来て、「うちの子なんです、すいません」と謝る。泥棒なんてしない、なぜ謝る必要があるのかと、母に抗議する明美。「かんにんな」と明美を抱きしめる母。

一人で帰る明美を、すみれが追いかけてくる。「待って」としか言わない。ちょっとだけ笑い、紙にくるんだお菓子を渡す。さっき、明美が見ていたお菓子だ。引き返すすみれ。

包みをあけ、バシッと投げ捨てる明美。

すみれは善意の人、いや十歳だから、優しい子と表現するのが正しいか。だけど、優しいお嬢さまにはわからないことが、世の中にはたくさんある。

明美は、今でいうならシングルマザーに育てられる一人っ子だ。すみれが女学校を卒業する頃、戦局が厳しくなり、明美の母は洋館をクビになり、転職してついたきつい仕事がたたって亡くなってしまう。そのことをすみれが知るのは戦後。夫の紀夫（永山絢斗）が復員してこないなか、娘を育てるため、得意な裁縫で仕事をしようと思いついた頃だ。

明美（谷村美月）は看護師になっている。ベビーナースという分野に強く、英語も話す。ベビーという明美の分野と、赤ちゃんのものを作れば売れるのではと思いつくすみれの人生が交差しはじめるが、明美はすみれによい感情を持っていない。

†娘&ドラマー、つるっつるで葛藤なさすぎ

というストーリーが進行し、きみちゃんの夫も、りょうこちゃんの夫も戻るのに、すみれの夫だけがずっと戻らず、すみれを慕う栄輔（松下優也）も登場し……という頃は、先の展開がまだ楽しみだった。夫は戦後三年近くたち、やっと戻ってきたが、人間不信に陥っていた。極寒の地に収容されていたら、人間不信にもなると叫ぶ。妻が仕事をしている

という事態にもついていけず、栄輔という存在も気になってならない。

おもしろかったのはここまで。すぐに紀夫の人間不信も解消し、時代が落ち着きだし、キアリスが大きくなっていくにつれ、どんどんしょうもなくなっていった。

たとえば、一九六〇年代前半、すみれの娘さくらの高校生時代のエピソード。

お母さんは仕事ばっかりじゃない↓反抗よ↓ジャズ喫茶に出入りしちゃうわ↓ドラマーさん、ステキ↓ドラマーさんってば、スカウトされていて、東京へ行くかも↓私も行きたい↓ドラマーには恋人がいて、妊娠する↓恋人、妊娠を告げず身を引く↓それなら私を連れてって……って、なんですか？

その恋人には事情があって住むところがない↓すみれ「うちに住みなさい」↓ドラマーさん、妊娠を知る↓恋人、「一人で産む」宣言↓それならキアリスで雇うわ↓大切なのは、ドラムより恋人だ↓ドラマー、ジャズ喫茶のバーテンになる↓恋人、すみれの家で出産↓お母さんってば優しいのね、強いわ↓改心したわ↓東京の美大に受かりましたとさ、って。

娘もそうだが、ドラマーも葛藤なさすぎ。二人とも、つるっつる。なのに延々、この話が続く。正直、飽きた。

さくらは、ドラマーの恋人（＝自分と同い年）の出産で我がままに気づき、自分の夢（＝デザイン）に気づいたんだそうだ。ドラマーは、ジャズ喫茶のママ（江波杏子）に

「あんたは優しい。東京で人を蹴落とせるか」と言われ、「必要とされる場所で、愛する人といる」と決めたんだそうだ。と、説明はされる。けど、わかんなーい。

すみれの「なんか、なんかな」は、大人になってからも健在だった。だが、変質していった。それも、だめポイント。

子ども時代は、言いたいことがあるのに言葉にできない「あのね、あのね」だったのが、仕事を始めてからの「なんか、なんかな」は、アイデアを思いつく入り口になっていた。「なんか、なんかな」の後に、「そうだ！」という感じの一呼吸が入り、「(キアリスの)カード配れないかなあ」「私たちらしく、できないかなあ」。すみれがアイデアを口にし、ビジネスが動く。すみれは小さい頃から、実は芯の強い子だった。やるときはやる。そんな感じは伝わった。それはわかるが、ビジネスの場で、いつもすみれ一人が思いつき、それで問題が打開され、事態が好転する。そういうもんじゃないでしょ、なのである。

†この人がいなかったら見捨てていた

そんなこんなで、つるっつるのドラマだったが、唯一陰影を感じさせたことがあったので、最後にその話。

谷村美月演じる明美。彼女がいなかったら、私はたぶん、このドラマは見捨てていたと思う。

お嬢さまばかりのキアリス創業メンバーにあって、唯一の庶民。すみれの、人を助けたいという優しさと、娘を育てねばという切実さ。それに押されて、よい感情をもっていなかったすみれたちと合流することを決める。

戦後間もないのに、食べるのもままならない人がたくさんいるのに、可愛い小物を作って売っていたすみれに、「お嬢さん三人で、ドレスでも作って売るつもり？」と言う。そう言ってから、思いだけでうまくいく世の中ではないが、思いがなかったらなかったで、うまくいかないだろう、手伝うわ、と申し出る。

母を亡くして、天涯孤独。母を楽させたい一心で看護師になったのに、死んでしまった。すみれにもらった手作りの写真入れに、母との記念写真を入れている。着物姿の母の隣に、セーラー服の明美。そのきまじめそうな表情そのままに、キアリスでもいつも地味な服を着ている。

家族を亡くすのはもうこりごりだから、家族はいらないという。だから年下のたけちゃんの求愛は断る。たけちゃんは十五歳でキアリスに来て以来、明美が好きなのだ。「たけちゃんは、ほんまにたけちゃんを必要とする人を幸せにするべきや。それはうちやない」。そう言って、きっぱり断る。

明美にフラれたたけちゃんは、すみれらの強い働きかけで見合いをすることになった。するとと、自分もお見合いの会場に行くと、明美が言い出す。

当日、お互いの紹介が終わったところで、明美が語りだす。付添人でもないのに、勝手についてきた、足立部長（たけちゃんの役職）のひととなりを伝えたいから、と。黒い手帳を取り出し、読む。

「まじめである。誠実である。努力家である。思いやりがある。穏やかである。楽天家である。前向きである。みんなに好かれている。みんなに応援されている。きっといい父親になる。きっといい夫になる。幸せな人生を送るに違いない」

棒読みだ。「以上、友人代表、小野明美」。そう言うと、立ち上がり、出ていく。なんの飾り気もないグレーのスーツに、水色のブラウス。たけちゃんの顔がアップになる。

泣けない「べっぴんさん」で、唯一の泣けるシーンだった。

†まだ人生は続くということ

明美は時々、例のジャズ喫茶でひとりバーボンを飲む。眼鏡をかけている。今の目には古臭く見える眼鏡。それゆえ「ひとりでカッコよくお酒を飲む美人」にはならない。哀しさを心の奥に住まわせながら、日々を生きている。その姿がそう思わせる。お酒、飲むんだな、と納得できる。谷村美月、上手だった。

そのジャズ喫茶で、明美は栄輔と隣り合わせるようになる。かつて夫の帰ってこないすみれを支え、若者向けファッション「エイス」を興し、一世を風靡した後、倒産させた栄輔。彼も天涯孤独。

明美が仕事を引退すると決めたとき、栄輔が明美に求愛する。自分も戦争で家族をなくした。それは今もつらい。だけど死ぬとき一人というのも寂しいと思わないか、と栄輔が言う。「そやな」と返す明美。「一緒に住まへんか」と栄輔。

「そやったら家、建てるわ」。それが返事だった。

ずっと何十年もひとりで働いてきたのだから、貯金はあるのだ。誰かと一緒に住むなら家を建てる。そう言った後に、「ウキウキしてきた」、そう言って笑う。いつもの硬い調子が、少し和らいだ。時代からいって、明美、五十五歳頃だろう。

働き続けること、会社を引退すること。それからまだ人生は続くこと。

二十六歳ながら芸歴十数年になるという谷村が演じる明美に、サラリーマン歴三十数年になった私は励まされた。

だから、何でも続けるといいことがある、「べっぴんさん」を最後まで見てよかったとしよう。

【コラム●NHK】ヒロインと、紅白司会と

紅白歌合戦と朝ドラの連携が、ちょっと目に余る。いかがなものだろうか。

なーんて力を込める話ではないのだけど、いっつも朝ドラのヒロインが紅組の司会なのはどうかしら、と思う次第。

同じNHKの看板番組同士だから、好きになさってくだされればよいのだけど。白組の司会は八年前からずっと嵐、または嵐のメンバー（相葉雅紀、二宮和也）で、例外の井ノ原快彦もジャニーズだから、どっちもどっちではあるのだけど。

「お疲れさま枠」と「よろしく枠」

はじまりは、「ゲゲゲの女房」を終えた松下奈緒が司会をした二〇一〇年。このときは、向井理を発掘してくれたし、松下はピアニストでもあるから音楽に関係あるし、ってことで、まあ、私としても納得したわけだ。

だけど翌年から井上真央（「おひさま」）、堀北真希（「梅ちゃん先生」）と続いて、「なになに？　紅組司会って、朝ドラお疲れさま枠だったの？」と思うにいたった。

その次は綾瀬はるかで、大河ドラマ「八重の桜」のヒロインを終えた直後で、次が吉高由里子（「花子とアン」）で朝ドラに戻り、その次がまた綾瀬はるか。これは「精霊の守り人」が始まる前だったから、「お疲れさま」から「見てね、よろしく」への枠組変更。新番組の宣伝って、ますますどうよ？

翌一六年が有村架純。「来年の『ひよっこ』、見てね、よろしく」だった。と思ったら、一

七年も有村架純に。「よろしく↓お疲れさま」で連続司会という新展開。有村さん、司会上手と認定されたのかしらん。

おら、紅白出るど

ヒロインです↓司会です、じゃなくて、ちゃんと「だしもの」になってたら、大歓迎なのだけどなあ。例えば「あまちゃん」が終わって三カ月後の一三年の紅白は、楽しかった。「あまちゃん特別編　おら、紅白出るど」が始まり、それを審査員席の宮藤官九郎と宮本信子が笑いながら見て、アキ（能年玲奈）＆アメ横女学園、潮騒のメモリーズ、天野春子（小泉今日子）と鈴鹿ひろ美（薬師丸ひろ子）が歌い、最後はあまちゃん出演者総出で「地元に帰ろう」を歌うなど、もう感動だった。紅白の趣旨にも（私が考えることではないが）、あってたと思う。ほら、お正月が近づくと、実家とか地元とかのこと、考えるじゃないすか。

翌一四年は「マッサン」が放送中だったおかげで、中島みゆきによる主題歌「麦の唄」を生で聴けて、マッサン（玉山鉄二）とエリー（シャーロット・ケイト・フォックス）が肩を組んで揺れているのも、よしとしたと記憶。

さて、最後に一八年の紅組司会を予告。「お疲れさま枠」なら永野芽郁（「半分、青い。」）になるが、ここは絶対、「よろしく枠」からの起用だ。一九年四月スタート「夏空」のヒロイン、広瀬すずに決定！　「夏空」は朝ドラ百作目の記念すべき作品だから、局をあげての宣伝になるでしょ、当然。すずちゃん、司会上手だといいなあ。

第四章

真っ当な女子への讃歌

1 ばっくれない人の優しさと正しさ 「あまちゃん」(二〇一三年上期)

ばっくれる。

という言葉を、私は小泉今日子さんから教わった。四十年近く前のことだ。言うまでもなく「しらばっくれる」の略だが、それよりもっとしらばっくれる感じがして、感動した。

小泉今日子さんは当時、まだデビューしたての女の子だった。歌番組だったか、もしかしたらラジオだったか、とにかくこう言っていた。

「地元の友だちとか、ばっくれてー」

ばっくれてどうしたかは、覚えてない。地元というのが、神奈川県の厚木だということは知っていた。同じ神奈川県の、海より厚木に近い感じの横浜に住んでいたからだ。

私より五歳くらい下の、すごく可愛い子が使ったその言葉は、いかにも厚木というか、きっぱりしたヤンキーの香りがして、心地よかった。リズムがあって、元気があって、しばられない。そういう言葉と思ったし、小泉さんがそういう子なのだと理解した。なんて自由な子なんだろうとまぶしかった。

†元ヤンフレーバーのりりしい風

その後、小泉さんというアイドルは、どんどん己というものを出していった。「なんてったってアーイドール」と楽しそうに紅白歌合戦で歌い、女優の仕事も増え、文章も書き、元ヤンフレーバーを演技で出すことはあったが、それよりも思慮深さ、賢さ、そして「もの言う覚悟」のようなものを感じさせる人になっていた。

その間に「なにげなく」は「なにげに」になったし、昨今は「半端ではない」が「ぱねー」になったけれど、そういう言葉のなかで、私は今も断然「ばっくれる」が好き。

「あまちゃん」のヒロイン・天野アキの母である春子という人は、小泉さんのそういうよさが凝縮された人だった。例えばアキを形容するこの言葉。

「地味で暗くて向上心も協調性も存在感も個性も華もないパッとしない子」

春子が娘をそう評し、「ママがそう言う」とアキも自ら口にする。

春子はたたみかけるように言う。アキは少し区切りながら確認するかのように言い、段々と「地味で、暗くて、向上心も……向上心も……あれ、なんだっけ？」となっていく。変わっていくアキの象徴である。

この台詞を小泉が口にするたび、私は「ばっくれる」を思い出した。リズムがあって、批評性があって、ユーモアがある。台詞を書くのは脚本家の宮藤官九郎なわけだが、小泉を得て元ヤンフレーバーのりりしい風が吹く。アキへの春子流の愛情が、際立ってくる。

と、ここまで書いて、いよいよこの問題に直面せねばならない。

アキを演じる女優さんの名前問題。

ヒロインの天野アキを演じる能年玲奈（現在はのん）。

と、書かねばならない問題。

†普通に、普通のこと、させてあげて

ったく、もー。残念っていうか、おかしいっていうか、ひどいっていうか。これがあって、「あまちゃん」のことを考える楽しさが、一〇％くらい減ってしまった。もっとかも。せっかくの傑作なのにー。私のなかでは「カーネーション」と並ぶ、朝ドラ界の横綱なのにー。リモコンで人を叩かない感じの、立派な横綱なのにー。

能年ちゃん（と、放送時に呼び始め、放送終了後もしばらくは呼べていた）改め、のんちゃんの現状を考えると、無念でならない。芸能界の外の人間だから、事務所と所属タレントの契約なるものが、どういうものかはぜんぜん知らない。だから、ひとことだけ書いて、この問題はおしまいにする。

のんちゃんにお芝居をさせてほしい。音楽も絵も声優もがんばっているのは知っている。

「だけどー、若くて才能ある女優なんですからー。芝居する姿を見せて当たり前でしょ。普通に、普通のこと、させなさいよっ！」

これ、春子が太巻（という古田新太演じるところのプロデューサー）にGMT（というアキの所属するアイドルグループ）のレコーディングの件で切った啖呵を参考に書かせていただいた。

あ、ついでに、「のん」というのは「あまちゃん」後の芸名だから、ここから先は「能年玲奈」の方を採用する。夏（宮本信子）の娘が春子（小泉今日子）で、そのまた娘がアキ（能年玲奈）。

「なんか、文句、あるわけー？　ああー？」。なりきり春子、パート2。

「あまちゃん」が始まった当時の記憶をたどると。

まずはびっくりした。

宮藤官九郎という脚本家の手にかかると、朝ドラはこんなことになるのか。こんなに自由なのか、と。

†宮本信子のJK言葉。クドカンの真骨頂

例えば初回、春子が北三陸に帰ってくる。娘を連れて二十四年ぶりの帰還だ。二回目で、春子が高校の同級生の「あんべちゃん」（安部小百合＝片桐はいり）に会う。北三陸鉄道の北三陸駅長である「大吉つぁん」（大向大吉＝杉本哲太）が「おめえら同級生だべ」と言うと、あんべちゃんが岩手弁のイントネーションでこう返す。

「同級生って言っても、春ちゃんは学園のマドンナで、私なんか校庭の片隅でひっそりと干からびているセミの死骸ですもん」

ここから大吉が「夏が倒れた」とウソをついて春子を呼び戻した理由が明らかになる。夏が海女《あま》を引退すると言っている。他の海女たちも、それならやめると言い出した。そうなると海女は四十二歳のあんべちゃんしかいなくなる。だから夏に代わって海女になって潜ってくれと、大吉が土下座をする。

春子は断る。「いやいやいやいや、むりむり」。だって自分も四十二だ、同級生だよと。

ここでもう一度、あんべちゃん。

「同級生って言っても、春子さんは学園のマドンナで、私なんか、机の中に入れたまんま忘れられて干からびたコッペパンに生えたカビですもの」

季節は夏。二度も干からびたもので、己を喩えるあんべちゃん。セミとカビ。それを演じるのが、片桐はいり。背のたかーい体を小さくしながら、自虐の台詞。

えー、何これ、超おもしろいんですけどー。と思える人は、即ハマる。

次いで第三回、海辺のシーン。海に興味を感じているらしいアキ。「潜ってみっか、一緒に」と夏が言う。「むりむりむり」、泳ぎは苦手で息継ぎができないとアキが答える。そう言いながら、「おばあちゃん、海の中、きれい？」と聞く。最後の「い」が出る前に、夏がアキの背中を押し、海に突き落とす。

落ちる途中で画面が止まり、夏の声でナレーションが入る。

「『何すんだ、このババア』。アキは空中でそう思いました」

ババア＝夏＝宮本。当の宮本が落ち着いた声で、いきなりのJK言葉だ。クドカンこと宮藤官九郎の真骨頂。

こんな調子でハマった人が続出、どんどん「あまちゃん」のおもしろさを口にし、SNSで発信し、たちまち日本中があまちゃん色に染まった。

と思っていた。

が、終わってみれば、平均視聴率二〇・六％。前々作「梅ちゃん先生」に及ばず、次作「ごちそうさん」に抜かれた。なんでだよー、とブーたれた私ですが、今になればわかる。

「朝ドラ」というものが映っているテレビに向き合って、セミの死骸とコッペパンのカビと何すんだババアに付いていった人が、二〇・六％もいただけですごい。

†「女性の一代記」でなくてよし！

二〇・六％のみなさんを解説するなら、まずは能年という存在に魅了されたはずだ。

私の場合、「何すんだババア」の直前、夏から「自分で獲ったウニ、食ってみだぐねぇが？」と聞かれた後の演技にやられた。

ただコクリとうなずくのだ、三回。ゆっくりでなく素早く三回。ただそれだけなのに、か、かわいい。まるでアキがユイちゃん（橋本愛）に会った瞬間のように見とれてしまった。

それから間もなく、アキは過疎の町・北三陸の実態を知る。観光資源は少なく、第三セクターの鉄道は赤字。大人たちの悩む姿に触れたアキが駅のホームにいる。けん、けん、ぱ、をしている。もう一度、けん、けん、ぱ。それだけなのに、胸が締め付けられる。

「みんな必死なんだ。きれいな海やおいしいウニ、可愛い電車。それだけじゃ人は生きていけない」

そう宮本の声で、アキの気持ちが語られる。遊んでいるアキの後ろ姿が、小さく映る。切なさがマックスになる叙情的なシーン。

能年はこんなふうに切なさを演じる一方、すっかり有名になった「じぇじぇじぇ」とか、「カッケー」とか「うめー」とかの元気方向、ちょっと乱暴方向も、じつにのびのびと演じていた。それは小泉も同様で、娘を「地味で暗くて……」と評するだけでなく、「バーカ」「ブース」と言ったりもする。

だけどそれによって、春子という人の自由さが浮き彫りになる。母は、女子は、こうあるべき。そんなことと春子は無縁だ。それは登場するすべての女子に、大なり小なり当てはまった。「いいぞ、いいぞ」と拍手したい。そんな気持ちで見ていた。

宮藤という脚本家が、今を生きる女子を肯定的にとらえているんだなーと思った。今どき女子の真っ当さを本能的にとらえ、それを愛で、そこから脚本にしているという感じ。だから「あまちゃん」は、朝ドラの歴史を書きかえたと言っていいと思う。女の一代記、結婚して、出産して、夫を見送り……でなくてよし！　あまちゃん＝海女ちゃん＝甘ちゃんの奮戦記だって、朝ドラだい！

もちろん、奮戦にもテーマが隠れている。それは「人がいるところにアイドルあり」ではなかったろうか。アイドルというのは、テレビに出るいわゆる「アイドル」や、最近あちこちにいるらしい「地下アイドル」、そういう人だけではない。「誰かは誰かのアイドルだよ、それはね」と意味を考えようとしていた。

「やっぱユイちゃんは、オラのアイドルだ」。アキは何度もそう言う。北鉄で出会った美少女ユイ。「アイドルになりたい」と心を打ち明けるユイ。ミス北鉄になり、アキと「潮騒のメモリーズ」というコンビを組むユイ。親友ユイの背中を、アキはずっと追いかける。「ファン第一号として言います。あなたの声に励まされて、がんばってきたんです」。これは、タクシー運転手の正宗（後の夫＝尾美としのり）が、若き日の春子（有村架純）に言った台詞。新人女優・鈴鹿ひろ美（薬師丸ひろ子）のデビュー曲を歌っているのは、ほんとは春子なのだと知っていたのだ。

「アキちゃんがいる場所は、他の場所より、ちょっとだけ温度が高くて、明るいんだよ」。ユイの兄・ヒロシの台詞。東京のホテルに就職したが二カ月で帰って来て、ずっとアキに片思いしている、通称「ストーブさん」。

誰かが誰かに励まされる。誰かが誰かを励みにする。それって、あるでしょ。ほら、それはもうアイドルなんだよ。

そんなメッセージがいつも流れる、優しくてにぎやかで、キレッキレのドラマだった。

†劇中で描かれた三・一一の前と後

アキがスカウトされ、アイドルを目指して東京に出て行く日。北鉄の窓越しに、春子とアキが話す場面が象徴的だと思う。

「ねぇ、ママ、私変わった？」と問いかけるアキ。春子が答える。

「変わってないよ、アキ。昔も今もアンタは、地味で暗くて向上心も協調性も存在感も個性も華もないパッとしない子だけどね、だけど」とここで少しだけ間があって、「みんなに好かれたね。ここで、みーんなに好かれた」。

小泉の声が、明るく、優しい。そして、こう続ける。

「アンタじゃなくて、みんなが変わった。自信持ちなさい、それはすごいことだから！」

春子は、じつはアイドルの夢破れた専業主婦だった。アイドルだった小泉がアイドルになれなかった春子になり、デビューを目指す娘に、そのアイドル性を語る。不思議といえば不思議な光景だが、全然不思議に映らない。じつに自然、でも確かなキョンキョンぶりがさすがだった。

そしてこの春子の台詞が、東日本大震災後につながっていく。

アキは上京後、一時は挫折しかけるが、東京に戻ってきた母とプロダクションを作り、ちゃんとしたアイドルになる。オーディションを勝ち抜き、母と因縁のある鈴鹿ひろ美とダブル主演で映画に出演する。

その主演への道が、「あまちゃん」における二〇一一年三月十一日への道になっていた。

映画公開が二〇一一年のお正月、それを記念してのアキとGMTとのコンサートが三月十二日。そういう設定。

東日本を未曾有の大震災が襲う。アキが愛した北三陸も、被災する。それをわかったうえで「あまちゃん」を見ることになるのだ。そこから先の不幸を見たくない気持ちで。でも避けられない。

震災後もしばらくは東京で芸能活動を続けたアキだが、とうとう口に出す。「ママ、オラ、岩手に帰りてー」。

そして、アキは仕事をやめ、北三陸に帰る。かつてみんなを変えた子だ。アキが戻り、みんなが動き始める。

海女クラブ会長である夏は、瓦礫の撤去が済んだらすぐに海に潜ろうと提案する。危険だと反対する声に、一喝する。「ここで本気出さねばどうする？　いつまで経っても被災地だぞ、それでいいのが？　いぐねえべ」。

「あまちゃん」のなかの三・一一は、最終回の一カ月前に起きた。そこから最終回まで、あっという間だった。アキが帰り、アキの初恋の人&現在の彼氏・種市先輩（福士蒼汰）が帰り、鈴鹿さんも、太巻さんも北三陸に来た。そして、みんなが変わった。前を向いて、動き出した。

最終回、アキとユイが北三陸鉄道のトンネルを歩く。向こうから、光が指している。次第に走り出す二人。トンネルを抜けると、全速力になった。明るい空、明るい海。走る二人が大きく飛び跳ね、終わった。

元気で、明るくて、きれいで、泣けた。

†「ダサいくらい我慢しろよ」と、小泉の文章

「あまちゃん」を見ながら、一つだけモヤモヤしていたことがある。「ダサいくらい何だよ、我慢しろよ！」のことだ。論評されることが多かった「あまちゃん」で、何人もの人が名台詞と認定していたアキの台詞だ。

確かに、力のこもったシーンだった。アキとユイの対決シーン。

東京でアイドル修行中のアキが、お正月に帰省する。ユイは病気でリハビリ中の父を抱え、しかも母が失踪している。髪の毛を染め、変な先輩と付き合い、ジャージを着て、万引きしようとする。春子に見つかって、そこから少しずつ立ち直っていくのだが、まあ基本、ヤサグレた暮らし。

その二人が、かつて潮騒のメモリーズとしてコンサートをした「海女カフェ」で会う。家に帰っていないというユイに、アキが「じゃあ、東京に来れば？」と誘う。

ユイは断る。もうアイドルとかどうでもいいと言う。諦めたのでなく、冷めたのだ、と。

「だって、ダサいじゃん」と。

そこからアキのいつもと違う、強い台詞が始まる。

「そりゃないべ、ユイちゃん、あんまりだ」「ずっと待ってたんだぞ、ユイちゃんのこと」「ダサい？　そんなの知ってるよ。ユイちゃんが、アイドルになるって言い出した時から」「ダサいけど楽しいから、ユイちゃんと一緒だと楽しいからやってたんだよ」

長台詞を締めるのが、これ。「ダサいくらい何だよ、我慢しろよ！」。

迫力があった。引き込まれた。だが、わかるようで、わからない。どういう意味なのだろう。何がダサいんだろう。

一生懸命ってことだろうか。必死になったり、なりふり構わない感じって、確かにはたから見れば、ダサいかもしれない。でも、そうだとしても、そこから先がまた難しい。アキは「楽しいんだから、我慢しろ」と言った。結果が出るまでやろうとか、人の目など気にせず進めとかでなく、「楽しいんだから、我慢しろ」と。これって、どういう意味なのだろう。うーん、うーん。

結局最後まで、はっきりつかめないままだった。

「あまちゃん」がとうとう終わり、二週間近くたった十月十日、小泉今日子さんの文章が読売新聞に掲載された。「あまちゃん」を終えて。そういう見出しだった。グイグイ読んだ。

最後から二番目の段落にこうあった。

「若者たちが夢を持ちにくい時代なのだと何かで読んだ。ひとりの大人として申し訳なく思う。だから最終回で、アキとユイちゃんがトンネルの向こうに見える光に向かって走り出した時、やっぱり私は泣いてしまった。夢なんかなくても、夢に破れても、何者にもなれなかったとしても、若者はのびのびと元気でいて欲しい。それだけで私達大人にとっては希望なのだから」

ああ、そうか、と思った。アキは「夢」の話をしていたんだ。夢を見るのは、それを追いかけるのは、楽しいじゃないか、ダサいくらい、我慢しろ、と。そして、その先にあるのは希望なんだ。

文章はこう結ばれていた。

「さあ、あまロス症候群のみなさん！　老いも若きも二人に負けないように明るい光を目指してまた走り出しましょう！」

カッケー。小泉さん、カッケーよ。若者たちに責任を感じ、自分も走るから走ろうと、みんなに声をかけている。全然、ばっくれてない。すごい大人じゃん。

読みながら、そう思いながら、私はボタボタ泣いたのだった。

2　恋愛成分は、なくったっていいのだけれど　「とと姉ちゃん」（二〇一六年上期）

「とと姉ちゃん」の最終回、ラストシーンは「時は流れ昭和六十三年」、小橋常子（高畑充希）は部下のミスをカバーするため、街を走っていた。仕事の依頼もお詫びも電話ではダメ、直接お目にかからなくては。そう部下をたしなめた後、私が行きますと、会社を飛び出していった。

昭和から平成に変わる前の年、明るい日差しの中を走る常子。戦後すぐに「あなたの暮し」という女性誌を立ち上げ、百万部雑誌に育てた。昭和という時代を走り、その先へ。キャリアウーマンであるヒロインを象徴する終わり方だった。

めでたしめでたしではある。出版という、常子と同じ世界に身を置いてきた者から見ても、カッコいい、筋を通す生き方が描かれていたと思う。女性がどういう立場に置かれ、主人公はどう対処してきたか。きちんと描いたドラマだった。

だが、平成が終わりを告げようとしている昨今の目で見ると、常子、どうも幸せそうでなかった。ちょっとダメウーマン入ってた。だって地球上に男は三十五億いるというのに、常子はずっと孤独そうだった。

もちろん孤独を埋めるものは、三十五億の男とは限らない。「朝ドラ史上初の生涯独身の主人公」常子を描くにあたり、制作側もそこは意識していたはずだ。有り体にいうなら「男なんていなくたって、主人公は十分に幸せ」なことを指差し確認しつつ物語を進める。そんな感じだった。

だけど、その確認が、かえって孤独を強調するというか、見ている側の胸を締め付けるというか、そういうものになっていたように思う。

常子はいつも自分より家族、自分より会社という選択をする。その都度、「それが自分の性に合っているから。だから私のためなのだ」という理論を口にする。が、それがかえって選択の裏の寂しさ、苦しさを訴えているようだった。

†ラストの「とと」が孤独の象徴のようで

よいドラマだったと思う。常子と「あなたの暮し」を立ち上げる花山伊佐次（唐沢寿明）の戦争への憎悪もきちんと伝わった。常子に平塚らいてうという人の存在を教え、影響を与える女学校の先生（片桐はいり）と戦争を経て変わってしまった夫（利重剛）との静かなエピソードは、胸に迫って大好きだった。

だけど、働く女子として、常子になかなか感情移入できない。仕事でもプライベートでも、他人ファースト過ぎる。私と常子とでは生きた時代があまりに違うし、社長と雇われ人という違いもある。が、その上で、真っ当な人である常子が不憫で、見ていて弾まないのだ。

最終回に話を戻すと、昭和六十三年に時が流れる前、昭和四十九年と思われるシーンが描かれた。その年の冬に、花山が亡くなり、その二カ月後に「あなたの暮し」が日本出版文化賞を受賞する。そのお祝いの膳を家族で囲み、その後に再び職場となる。

気がつくと常子以外は、誰もいない。代わりにいるのが、幼い頃に死んでしまったほんものの「とと（父）」である小橋竹蔵（西島秀俊）で、生前と同じおしゃれなスーツに丸縁のメガネをかけ、「会社を案内してくれませんか」とこれまた生前と同じ、「ですます」で娘に語りかける。

「ここまで来るのには、相当な苦労があったでしょう」とねぎらい、最後は子どもの頃そのままに、「常子、がんばったねー」と頭に手を置いて褒めてくれる。

翌朝、目が覚める常子。もちろん夢だ。西島演じる「とと」はかっこよくて、最後にまた常子の夢のなかで見られてよかったのだが、最後にととが出てこなくてはならないところが、常子という女性の孤独を象徴してるようでつらい。

†「未婚」の延長線にある「理由」説明

目が覚めた常子は、窓辺の机の上に立て掛けてあった短冊三枚を手に取り、ひきだしにしまう。「一、家族を守る」「一、鞠子、美子を嫁に出す」「一、家を建てる」。そう書いてある。一枚ごとに「常子」と署名まで入っている。昭和六年に父を亡くし、戸主になり、書いた短冊。それを昭和四十九年にやっとしまう。なんて長いこと、飾っておいたのだろう。

この短冊は、放映中、何度も何度も映っていた。その都度、常子は妹を嫁に出す立場だから嫁に行かないだろうと思うし、いつか家を建てるまでがんばるのだろうと思う。事実、その通りになる。

建てた大きな家には、妹夫婦二組と住んだ。妹たちの子ども三人も一緒に、みなでラジオ体操するシーンがあった。常子が先生のようにみんなの方を向いて、体操している。さ、さびし過ぎる。

女学校に入る前年に父を亡くした常子。死の直前、父は長女である常子に父の代わりになってほしいと頼む。「かかと鞠子と美子を守ってやってほしい」と。常子は引き受け、家族にそれを宣言する。以来、「とと姉ちゃん」になる。

という話なのだが、事あるごとに映る短冊に、「おまえのせいだよ」と西島に小言の一つも言いたくなる。

ドラマの初回、「あなたの暮し編集部」に入って行く堂々とした常子を背景に、「『あなたの暮し』を創刊した常子が父親がわりに妹たちを育てながら、昭和を懸命に駆け抜けていくお話です」とナレーションが入る。「暮しの手帖」も大橋鎭子も知らなくても、成功したキャリアウーマンのお話とわかる。

結論がわかっているドラマを見せられてつまらなかった、というわけではない。最終回まで短冊をしまえない人生はしんどいなあ、ということが言いたいのだ。

父親との約束を一生守る人生。そこに真実味をもたせるため、常子が父親を愛していること、その父親が愛するに足る男だと見るものが納得すること、その二つが必要だ。つまり、父親が相当ステキでなくてはならない。西島演じる父親は容姿以外もパーフェクトで、そこはもう百点満点以上だ。

そもそも「とと」と呼ばせることがありえなかったであろう「家長」の時代に、彼が掲げた「家訓」が、「朝食は皆でとること」「月に一度は家族皆でお出かけすること」「自分の服は自分で畳むこと」である。権威主義でなく、家族を愛する人だとわかる仕掛けだ。

向井理が演じる「定職に就かないおじさん」が出てきて、自分の兄（＝とと）について語るシーンがある。自分たちは両親を早くに亡くし、親戚をたらい回しにされた、兄は「どこの父親も威張って家族を従わせていたが、幸せそうに見えなかった。だから、子どもたちと対等に接したい」と言ってたよ、と。

こういう行動の裏には、こういう理由がありますということを、丁寧に説明する。「と姉ちゃん」というドラマは、そう決めていたようだ。「未婚のヒロイン」が幸せであることを説明する。そのことの延長線上に、それはあったような気がする。

†短命系の木村多江より薄幸そう

竹蔵が常子を「父親代わり」と見込むのも、単に長女であるということだけではないことが、きちんと説明される。

ドラマの初回、幼い常子は高い高い物干し台に上る。そこにはたくさんの染物が干されている。竹蔵は「遠州浜松染工」という会社の営業部長をしていて、物干し台はその関係会社のものらしい。

たくさんの染物が風にはためき、常子は「わー、きれい、万華鏡のなかにいるみたーい」とつぶやく。ここで常子が朝ドラの王道「おてんば」の系譜だと示される。朝ドラのおてんばは、叱られ、連れ戻されるのがお約束だ。

が、「とと姉ちゃん」はここからが違った。竹蔵が駆けつけ、どうして上ったのかと尋ねる。常子は綴り方の宿題で「きれいなもの」を書くにあたり、染物を上から見たかったと答える。

それに対する竹蔵の答えは、こうだ。

人に迷惑をかけること、危険なことをしてはいけません。だけど、どうしようかと自分で考え、自分で行動したことは、素晴らしいと思います。

ニッコリ笑う竹蔵がアップになる。明るく優しく、民主的な人だとわかる。

「ととの代わりを」と常子に頼むシーン、竹蔵はその日のことを語る。常子の発想力と集中力は素晴らしい。これからもそれを大切にしてほしいと。

簡単に言うならば、常子を大物と見込んだから頼んだというわけで、見ている側もそのように納得させられるのだが……。

にしても、お父さん、あなたの要求に常子はずーっとしばられてますよ。と思うのは、視聴者だけでないと、ちゃんと制作サイドがわかっているのが「とと姉ちゃん」で、美子（杉咲花）という末の妹が、そのことを指摘する役割を担っていた。

反抗期には「いつも家族のため、家族のためって、言われる方の身になってよ。私はもっと自由にしたいの」と叫ぶ。共に会社を立ち上げ、成功させていくパートナーになってからは、「私はね、とと姉ちゃんにも幸せになってほしいの」と言う。「とと姉ちゃんはね、本音をぶつけてない気がするの」とも。

常子は母親（木村多江）に対しても、ことあるごとに「ととに頼まれたからではない」「自分は幸せだ」と語る。でも、短命な役を得意とする薄幸そうな美人の木村だが、それ以上に常子が薄幸そうに映るのだ。

✝プロポーズの場面で流す悲恋の涙

そもそも宇多田ヒカルの主題歌「花束を君に」の花束が「涙色の花束」で、ここからしてそこはかとなく寂しい。「どうしたもんじゃろのー」という台詞を「あさが来た」の「びっくりぽんやー」のように常子に言わせるが、あさという人物が自由なお嬢さまだから「びっくりぽんやー」がハマったのに対し、女学校に入る前から「戸主」になり、妹のクラス担任の家庭訪問にも「私が戸主ですので」と対応する、つまり肩に力が入った女子の「どうしたもんじゃろのー」はぜんぜん弾まない。

ここで恋愛成分が入れば、もっと弾んで見られたと思う。結婚に結びつこうがつかまいが、恋愛成分は楽しいし、うれしい。だから、ステキ男子が出てきたときは、「おっ」と思う。好かれるし、好きになるから「いいぞっ」と思う。

だけどことあるごとに短冊が映る。家族を守り、妹を嫁に出して、家を建てるんですよ、と念を押される。つまり、お別れ前提。弾めないよー。

坂口健太郎という役者は、背が高くてとても優しそうで、すごくよいと思う。彼が演じる星野武蔵という人物が、常子のお相手だ。武蔵と書いて「たけぞう」と読ませ、父親と漢字違いの同名にするというのは、どうなんだろう。これじゃあ常子は、相手のことを考えるたびに、父親のことを思い出してしまうじゃないかー、と小さく抗議。

星野は植物を専攻する帝大生で、常子が高等女学校時代に出会い、和文タイピストとして働きはじめてからも交流は続く。植物のことになると食べることも忘れるような人で、世慣れておらず、それゆえに誰からも愛されるキャラで、彼が登場すると画面が軽くなった。悲恋前提にしても、それだけでなんだかうれしかった。それは「戸主たらん」という常子ゆえ、画面がずっと緊張しているからだったと思う。

常子と星野は毎週日曜日に、甘味屋さんで会うようになる。職場の悩みを語り、「愚痴を言ってしまった」と反省する常子に、星野は「僕を作物だと思ってください」と返す。「肥料をやるつもりで、どんどん言いたいこと、おっしゃってください」。

こんな人、逃す手、ある？

星野は大阪帝大の研究室に勤めることが決まり、それを機に、やっとプロポーズする。

「僕と大阪に行ってください。共に植物に囲まれて暮らしましょう」。

このシーン、常子はずっと涙目なのだ。涙目のところに、父親が「常子に、ととの代わりになってほしいんだ」と語る回想シーンが入る。ほらね、しばられているでしょ。

ややあって常子、「ありがとうございます。すごくうれしいです」と答え、一筋涙を流す。喜びの涙でなく、悲恋を本人が自覚していることの印。かわいそう過ぎるぞ、常子。

次の回で、当然、常子はプロポーズを断る。

「今は結婚できません、すみません。家族と離れるわけにはいきません。支えねばならないし、まだまだ支えたいと思ったんです」

これだ、常子の最大の問題点。自分がしたいから、そうすると口にするのだ。本当にそう思っているから、そう言うのか、そう言ってから、そう思おうとしているのか。どっちにしても、悲し過ぎる。

†逃す手のない人を逃し

戦後、「あなたの暮し」の社長として東奔西走する常子が偶然、星野と再会する。仕事ばかりではかわいそうという制作側の配慮だったかもしれないが、最初から悲恋の香りが漂っていて、やはり弾めない。

星野は妻を亡くし、ひとり親家庭のよき父になっていた。八歳の大樹《だいき》くんと四歳の青葉ちゃんがいて、二人とも常子になつく。大樹の発熱をきっかけに、常子は星野家を訪れるようになる。そしてここでも「説明」好きな「とと姉ちゃん」の本領が発揮される。

星野は当初、亡くなった妻への思いから、常子と一定の距離をとろうとする。そこに亡き妻の父、星野にとっては義父を登場させ、「娘から病床で、夫は不器用な人だから仕事と育児を両立させられるはずがない。いつまでも再婚しないようなら、お父さんから再婚を勧めてほしいと託された」と言わせるのだ。

これで二人の障壁はなくなったと視聴者にわからせたうえで、星野が常子に告白する。「僕だけが新たな人生を歩んではいけないと思っていましたが、子どもたちには関係ないことでした。子どもたちは、あなたを好いている。僕もです」

そこから二人の恋愛シーンがおずおずと始まる。常子が帰ろうとするところを星野が背中から抱きしめたり、縁側で月を見ながらキスしたりもする。だけど「結ばれることはない」ことが、見ている全員にわかっている。

常子は星野一家と動物園に行く約束を、仕事でキャンセルする。そのことで悩む常子に星野は、「お互い無理せず、補いながら、時間を作っていきましょう」と言う。

こんな人、逃す手、ある？

が、常子は予想通り、星野を逃す。星野が名古屋に転勤することになる。常子と再会する前に、実家に近く、残業も少ない名古屋支社への異動願いを出していたのが通ってのこと。遠距離恋愛でいいじゃん、ゴーゴー、と思うわけだが、これは昭和三十二年。新幹線がこの世にない時代だ。

星野は異動を受け、常子に別れを告げる。最終的に異動を決めたのは、息子が学校でいじめられていることに気づけなかったからだと言う。親子の絆は自然にできるのでなく、作り上げるものだから、やはり名古屋がいいと。

すっごい小さいいじめなのだが、説明好きの「とと姉ちゃん」は、それを理由に星野から去らせる。

星野と子どもを見送った常子に、美子がこれからどうするのかと尋ねる。「私は変わらないわよ。今まで以上にお仕事がんばります」と常子。思うから言うのか、言ってから思うのか。いつものパターンだ。ふー。

†「教訓優先」で仕事を描くと

問題は、この仕事である。仕事がすっごく充実してるんだなと思えたら、こんなにも不憫がることはなかったのだ。が、仕事が常子を幸せにしているように、あまり見えない。

戦後すぐ、雑誌を作ろうと思い立つあたりまでは、まだよかった。戦争でひどい目に遭い、戦後も苦労ばかりしている女性の役に立つ雑誌を作ろう。そこから活字の世界には戻らないと言う花山を口説き、新しい雑誌を作る。高揚感があった。

だけど軌道に乗り、成功してからは、重荷が増えただけなように見えた。周囲から「社員も家族だろ、とと姉ちゃん」と言われもするし、「社員と会社が家族のように思えるの」と常子も口にする。責任ばかりで、楽しさが伝わってこない。

どうしてだろうと考えると、働くシーンが単純なのだ。仕事は同時進行でいろいろなことが起こり、それをひとつひとつ片づけ、気づいたらうまくいったり、いかなかったり。でも振り返るとそこに、工夫があって進歩があって、だから楽しい。そういう複雑というか複線的というか、そういうようなものだと思う。

それが「あなたの暮し」の代名詞となる「商品テスト」、百万部雑誌への決め手となる「戦争特集」。どちらのシーンでも、常子がこんなふうに発言して動き出す。「商品テストをしましょう」「主婦のテスターを募集しましょう」「読者から手記を集めましょう」

もちろんそこへ至る道筋は描かれている。それでもやはり、主人公が突如、決定打を放つように見え、不自然に感じられる。

「とと姉ちゃん」の職場シーンは、何よりも理念を優先したように思える。

例えば常子が初めて勤めた鳥巣商事。和文タイピストとして給料を得て、文字通り「家族を守る」はじまりになるのだが、当初、先輩タイピストがなぜか、全く常子に仕事を与えない。が、その先輩は仕事ができて、全体を統括する役割なのだ。そんな効率の悪いことを、なぜするの？

徐々に彼女が「女性はなめられている。使い捨てである」と現状を認識していて（全く正しい）、それだから「なめられない」ためにも仕事のできない後輩は使わず、自らが力量を示すことが肝要だとかたくなに思っているらしいことがわかってくる。

昭和初期における職業婦人の苦悩を描く。それはわかる。でも信念のある先輩であれば、別なやり方があるのではと思う。つまりリアリティーに欠ける。

「商品テスト」でも、「アカバネ電器」という悪い会社が出てきて、汚い手を使いまくる社長を演じるのが古田新太で、「あまちゃん」の悪役・太巻社長なわけだが、太巻よりも現実感がない。

商品テストは特定のメーカーを叩くためにあるのでなく、消費者目線でメーカーに改良を促すものであり、ひいては世の中のためになる。そのことをわからせるためのエピソードが描かれ、悪事の限りを尽くしたアカバネ電器の太巻社長（ホントは赤羽根社長）でさえ、最後は心から反省しましたとさ、となる。これまた教訓優先で、リアルじゃない。「とと姉ちゃん」の働くシーンのことを考えて、「ドクターX」のことを思った。恋愛成分ゼロの、純粋なお仕事ドラマ。

ヒロイン大門未知子（米倉涼子）は、最初から印籠を持っている水戸黄門だ。リアリティーなど全くないが、黄門さまという一点で辻褄があう。納得させられるし、未知子の活躍は、見ていて弾む。決め台詞は、「私、失敗しないので」。

「どうしたもんじゃろのー」の常子には、絶対言えない台詞だよなー。

3　努力の人が並走した、穏やかな非連続　「ひよっこ」（二〇一七年上期）

朝ドラというのは、じわじわとおもしろくなるのが普通だ。高いところに登るのね、おてんばね、それからどうなるの？　例えば、そんな調子で始まる。

一回が主題歌も含め十五分だから、初回だけで「これはすごい」と思わせるのは、素人が考えても至難の技だろう。

「あまちゃん」の初回は、大きなサングラスに赤いロングスカートの小泉今日子が大きなトランクを引きずって、かったるそうに歩いていた。「あ、キョンキョンだ」と引き込まれた。

後ろには高校の制服らしきものを着た可愛い女の子がいて、こちらはチョコチョコという感じで歩いていて、その対比もよかったし、初回から脚本の宮藤官九郎らしい笑わせる台詞がちりばめられていて、「おもしろくなる」と予感させるに十分だった。

が、「ひよっこ」はある意味、その上をいっていた。誰も画面に映らないうちから、「これはすごい」と思わせてくれた。絶対、すごいドラマになる。そう確信できた。

†あのマラソンの、あの詳しすぎる解説の

オープニングはこうだった。

山を背景に、霧の中だろうか、コスモスが咲いている。コケコッコーという声で、朝もやなのだと想像ができる。赤い屋根の田舎の家が映る。ここから声が入る。

「おはようございます。増田明美です。今日から半年間、声のお付き合い、よろしくお願いします」

そして画面に「語り 増田明美」と出た。

あのマラソンの、あの「詳しすぎる解説」の、増田明美さんだった。びっくりした。そしてうれしくなった。増田明美さんが大好きだからだ。その話は後で書く。

「さて、ここは茨城県の北部、山あいの小さな村、奥茨城村です。一九六四年、昭和三十九年、こんな静かな村で暮らす、ごくごく普通の女の子、谷田部みね子がこの物語の主人公です」

増田の語りがこう続く間、案山子だの牛だの、農村の風景が映る。語りが終わったところで初めてみね子（有村架純）が登場する。「じっちゃん、おはよー」。まあるい顔のおでこを出した有村が、田んぼに向かって走ってくる。

その間、多分、一分くらい。でも、有村の懸命さが伝わってきて、みね子という「ごくごく普通の女の子」に引きつけられる予感満載に。

じっちゃん（古谷一行）とのやりとり、ニワトリ小屋。ここで当時の東京の資料映像が入る。また増田の声で、東京がオリンピックを前に空前の建設ラッシュで、地方から人が流れ込み、世界で初めて一千万人都市になったことが説明され、ドラマに戻って母（木村佳乃）とのやりとり、妹と弟が出てきたところで、炊飯器のスイッチがカチャッと音を立てて、炊き上がったことがわかる。

「いい音だねー」。「炊飯器さまさまだー」。母娘の会話。そして「さー、ひよっこ、始まります」と増田の声の後、聞こえてきた主題歌は、桑田佳祐だった。

「愛の言葉をリールー。シャイなハートがどーきどき。あの日観てたっ、サウンドオブミュージック、まぶた閉じればよみがえるぅー」

上海帰りのリルで、サウンドオブミュージックで、メロディーは昭和歌謡調。私は桑田さんも大好きだから、もう絶好調になった。

こんな完璧な初回があるだろうか。ものすごく、意図が伝わってくる。ウェルメイドに伝わってくる。最大の意図は、「高度成長期の昭和を、普通の人で描く」だ。それともう一つの意図、それは「新しいことをしよう」だ。そう理解した。

これは絶対、おもしろくなる。そう確信できた。

†ウェルメイドで、誰もしていない、新しいこと

順序を追って解説するなら、まずは増田の語りである。

朝ドラにおけるナレーションにはいろいろなパターンがあるが、よくあるのが「死んでしまった登場人物」だろう。「べっぴんさん」は早世したお母さん（菅野美穂）、「ごちそうさん」もおばあちゃん（吉行和子）が亡くなって「ぬか床の精」になり、孫を嫁ぎ先の台所から見守るという設定だった。

「カーネーション」は主人公（尾野真千子、夏木マリ）が自分の心情をナレーションで吐露し、その系譜には夏（宮本信子）、アキ（能年玲奈）、春子（小泉）と主要登場人物が三期に分かれて担当した「あまちゃん」がある。「あさが来た」「わろてんか」は、NHKのアナウンサー。

と分類すれば、増田がどこにも入らないことは一目瞭然だろう。「花子とアン」は登場人物とは関係ない美輪明宏の語りで話題になったが、とはいえ美輪は芸能人である。その点、増田は陸上（長距離）の解説者にして取材者だ。

増田さんって、明るくて通る声よねと思っていた人はごまんといただろうけど、ドラマ

のナレーションに起用しようと考えた人はいなかった。

誰もしていない、新しいこと。その象徴としての増田さん。大きな方針をそこに感じた。

「これまでと違う、朝ドラにします」と。

だけど、違えばいいというものではないことは当然で、ウェルメイドでなくてはならない。きちんとした朝ドラ。だけど、新しいもの。「ひよっこ」は、それを目指している。そう感じた。

主題歌に入る直前の炊飯器は、ウェルメイドの象徴だと思う。

昭和三十九年の奥茨城だから、台所はまだ土間だ。ガスはもちろんあるが、一つひとつにゴムのホースが付いている。蓋に黒いつまみのついた白い炊飯器。カチッとスイッチが上がる。「いい音だねー」という母娘。

見る人を昭和に誘い、ごく普通の仲の良い家族の話とわからせる。と、同時に国立競技場の建設風景やあふれる乗客で閉まらない電車のドアを押す駅員さんなど、当時の東京の資料映像も出てきて、きっと「地方と東京」もテーマになるのだとわかる。

そこから始まる主題歌を聴いて、その意図が桑田にちゃんと伝わっているな、と思った。

桑田がNHKドラマに楽曲提供をするのは初めてということが放送前に報じられていたが、「桑田さんが作ってくだされば、それだけでありがたいんでー、お任せです」ではなかった。「懐かしさ」「切なさ」それに加えて「歌いやすさ」など、昭和が今によみがえるにあたり欲しいものがオールインワンに入っている。加えて、優しい包み込むような桑田さんの歌いぶり。良い曲だった。

主題歌のタイトルが「若い広場」と知って、同名の番組が、昭和の時代にＮＨＫの教育テレビで長く放送されていたなあ、などと思い出したりもした。そもそも桑田さんって、昭和歌謡好きだし。桑田ファンの端くれとして、そんなことも思いうれしくなった。

†三作目で岡田惠和が投げるボール

放送当時、仕事で盛んに聞かされたのが、「非連続」という言葉だった。売上をもっともっと伸ばしましょう、同じことを繰り返していてはいけません。非連続の発想が大事です、と。

ビジネスの世界ではもう使い古された言葉だったが、改めて「非連続でいけ」と言われると、「だったら、おまえがやれよ」と心のなかで小さく毒づいていた。「非連続」とともに「集中と選択」が決定打のように言われているけれど、どっちもできていたら、今の日本の経済はきっとこんなことになっていないぞ、と。

だけど「ひよっこ」を見て、ちょっと心が変わった。ああ、「ひよっこ」がしようとしているのは「非連続」なのだなと合点がいった。押し付けでなく非連続を考えるって、こってもいいな、と。

そもそも脚本の岡田恵和は、「ちゅらさん」「おひさま」に続く朝ドラ三度目の登板だ。「ちゅらさん」は二〇〇一年の放送で、〇三年、〇四年、〇七年と三回にわたり続編ができる大人気作品だった。沖縄の小浜島がブームになり、「おばあ」役でナレーションもつとめた地元女優・平良とみもすごく話題になった。

実績はある。名声はある。そんな人が「おひさま」からわずか六年後に三度目の朝ドラを書くのだ。これまで投げたことのあるボールを、「こんな感じですよね」と投げるのではつまらない。そう思ったはずだ。

宮藤官九郎が「あまちゃん」で朝ドラの範囲を力強く広げたのに対し、岡田は岡田なりの穏やかな(朝ドラにおける彼の作風は、たぶん「穏やか」であっていると思う)新しい朝ドラを作ろうとしている、と思った。

新しいボールの第一球である増田の語りには、まだ先があった。

二日目の冒頭、増田はこう語る。

「おはようございます。早速ですが、ちょっと振り返っておきましょうね。今日からでも、大丈夫ですよ」

そう言って時代や家族を再度説明、それが終わってドラマが始まる。状況を説明するだけでない、視聴者目線の語り。さらにこの回の最後、ある男性が登場してからの語りが抜群だった。

「みね子ー、フォーフォッフォー」と言いながらバイクで近づいてくる男性。小さなバイクにはイギリスの国旗らしきものがささっていて、ヘルメットもそれらしい色でカスタマイズされている。と、ここで増田。

「この人は宗男さんといって、お父ちゃんの弟、おじさんですね。なんかおかしな人ですよね。朝ドラには変なおじさんがよく出てきますよね。なんででしょうね」

確かに直近では、「とと姉ちゃん」に出てきた向井理演じる父の弟が定職につかず、腹巻をして、なんちゃって寅さんみたいな人だった。変なおじさん＝朝ドラの定石。宗男（峯田和伸）という人を紹介しつつ、定石に突っ込みを入れる。そんな語りは、聞いたことがない。

翌週には増田本人が役者として、ドラマに登場した。体育の木脇先生。生徒を引き連れて、走りながら台詞を言う短いシーン。そこに「大変、失礼いたしました」という語り。すなわち、自分への突っ込み。「増田明美という『非連続』を楽しく視聴者に伝える」という意図が、はっきり伝わる演出だった。

伝わることは、とても大事だ。放送開始前、有村が役作りのため五キロ太ったという情報が流れていた。これもきっと、岡田の意図が伝わったからこそだと思った。

だってロバート・デニーロならいざ知らず、最近の若い女子なのだ。それが五キロ増とは、大変な決心だろう。でも、昭和三十年代の田舎の子が、いまどきの子のように小さい顔でやせっぽちではいけない。だったら太ろう。そう有村が決めた。なんて、健気なんだろう。有村も、みね子も。

そうして私は「ひよっこ」を夢中で見た。

✝玉音放送なしに語る「平和」

増田が突っ込みつつ紹介した「宗男さん」は、とても重要な人だった。その話は後の章に譲るとして、一つだけ、もう一つの非連続を。

朝ドラの定石の一つに、玉音放送がある。

「耐え難きを耐え、忍び難きを忍び」。昭和天皇の声がラジオから流れ、主人公たちが聞く。戦争をまたぐ作品なら、必ずと言っていいほど出てくるシーンだ。

そこからの主人公の動きは、もちろんさまざまだ。「カーネーション」の糸子は「さ、お昼にしょうけ」と立ち上がり、「とと姉ちゃん」の常子はやおら水を飲み、「(したいことが）できる、できる」と妹たちを抱きしめた。

主人公の動きがどうであれ、その前後のストーリーからは、戦争の愚かさ、平和の尊さが伝わってくる。戦後七十年以上たった今、朝ドラの担う確かな役目だと思う。

その点、「ひよっこ」は、高度成長時代を描くドラマだ。玉音放送を使うわけにはいかない。だが、それを使わずとも戦争を十二分に描いた。それを主に担ったのが、宗男だった。

宗男のバイクには、イギリスの国旗がささっている。宗男がビートルズの大ファンだということは、物語の早くから明らかになる。なんせマッシュルームカットなのだ。が、それだけではなかった。

宗男は陸軍にいて、インパール作戦に参加した。そこでの体験が明らかになるのは、中盤に入り、ビートルズの初来日が描かれるときだ。チケットはないけれど、居ても立っても居られないという宗男が東京に来る。みね子を訪ねる。

みね子が勤める洋食店「すずふり亭」の、宗男と同じ年頃のシェフ（佐々木蔵之介）がバイクの旗を見て、戦争中はどこにいたのかと尋ねる。何か思い当たる節があるのだろう。

宗男は「陸軍で、ビルマにいました」と答える。シェフは「おまえ、茨城だろ。ビルマって、インパール作戦ってことか」と尋ねる。「はい、生き残りです」と答える宗男に、

「だったらイギリスはひどい戦いの相手じゃないか」とシェフが続ける。「はい」と言ってから、宗男がしたのが、この話だ。

戦友が次々死んでいくなか、俺も死ぬんだなあと毎日思っていた。ある晩、斥候《せっこう》（まあ、偵察だな、と台詞が補う）に出て、真っ暗闇のなかで、イギリス兵に出くわした。俺も驚いたが、向こうも驚いていた。靴墨で顔を塗っていたが、同じような年頃とわかった。動けずにいたら、そいつが俺を見て、ニッコリ笑ったんだ。なんで笑ったのかわからない。でも俺はあいつのおかげで死なずにすんだ。拾った命だから、笑って生きよう。そう決めた。

で、ビートルズだよ。

と、そこからビートルズの話を始める宗男。

また、イギリスかよと思ったよ。あいつとビートルズがごっちゃになって。「俺は笑って生きてっとー。ビートルズー、おまえも笑ってっかー」って、叫びたくなるんだ。

穏やかに、そう語った。戦争と、命を語った。「反戦平和」などという使い古された言葉ではなく、宗男という人の思いが切々と胸に響き、そういう思いの積み重ねのようなものが宝物なんだな、などと思った。涙が止まらなかった。「ひよっこ」の数ある名シーンの一つだった。

†立派な功績を上げた「かわいそう」な人

最後に、増田ファンから増田さんの話を。

まずは、テレビのドキュメンタリー畑でプロデューサーをしていた、ある女性と交わした会話の話から。

その人は視聴率についてこう語っていた。「立派な功績を上げた人物を取り上げる場合でも、その人のかわいそうなところを出さないと数字（視聴率）はとれない」。

この場合の「かわいそう」とはつまり、その人の苦労だろう。そこには悲しみがあり、努力もある。そこが伝わって、初めて人は感動する。だから「かわいそう」が伝われば、「共感」を誘い、視聴率につながる——そういう話と解釈した。

そして、「立派になってから立派さを強調するのは、その人にのるだけだから、数字がとれない」と続いた。「さすがですねー」だけでは共感できないということだろう。

最近の朝ドラは「実在した女性」をモデルにしすぎだと思う。そのなかから、良いドラマも生まれてはいる。でも「成功した人って、成功するのね」になっていることも、ままある。どうせドラマなんだから、一から物語をつくってほしいとも思う。

だから「実在モデルの成功譚」でない「ひよっこ」、素晴らしいのだ。その上に増田さんだ。素晴らしいの二乗だ。

ということで、やっと増田さんの話。実に個人的な話だとお断りしておく。

私が増田ファンになったのは、走るたびに日本新を出していた天才少女が一転、「ロス五輪途中棄権選手」に転落した後だった。

次のソウル五輪がかかったレースは三十位、ソウル五輪直後の東京国際女子マラソンは試合当日「風邪」で欠場した。誰もが、増田明美はもう終わったと思ったろう。私もその一人だった。

だが、ソウル五輪の翌年、増田さんは東京国際女子に戻ってきた。招待選手ではない、一般枠での参加だった。

結果は総合八位。日本人一位になった。

ほぼ同世代の女子として、増田さんに俄然、興味を持った。当時、週刊誌の記者をしていたから、取材を申し込んだ。結論として、増田さんには会えなかった。が、話せた。取材を断る電話を本人からもらったからだ。

断りの電話なのに、私が質問すると、短く答えてくれた。

後ろ向きの人生はいやだ。納得できないレースは後ろ向きになってしまう。東京国際女子は、直前に出た静岡の大会よりタイムがよかったから前進になってよかった。プライドを捨てて走りたいと思ったら、走ることが本当に好きとわかった。それがここまで来た支えだった。

そう語ってくれた声を、今も覚えている。たった一ページだったけれど記事にした。増田さん二十五歳、私は二十八歳。そのとき増田さんは、「取材を受けるのは、もうひとがんばりして、自分に納得してからにしたい」と言っていた。

増田ファンになった私は、増田さんが解説者として登場したときに、「ああ、自分に納得したのだなあ」と思ったし、その後の成功をいつもうれしく拝見している。

増田さんのオリンピックでの敗北は、日本人なら誰でも知っている。そこからの苦労と努力、「詳しすぎる解説」が一朝一夕にはできないであろうことも、多くの人が知っているはずだ。先ほどの女性プロデューサーの表現によれば、「かわいそうなところ」をみんなが共有する、「立派な功績をあげた人」ということになる。

そんな増田さんの「ひよっこ」なのだ、いいものになって当然だ。

私には、初回の声が、あの日の電話と重なった。「ひよっこ」が好きになり、最後には大好きになっていた。

とても幸せな半年だった。

【コラム●子役】帰ってきた小さ過ぎる天才

朝ドラはたいていヒロインの幼少期が描かれるので、子役ウォッチ（したい人。例・私）に最適だ。「あの子、大河ドラマに出てた」程度はよくあるが、時に、すごいことが起こる。

髙橋來くん。私の中の最年少天才子役。彼が「ひよっこ」にいたのだ。すっかり大きくなり、いい芝居をしていた。ありがとう、朝ドラ。ウエルカム、ヒロインの弟・進！

日本語を習得したばかりなのに

彼を発見したのは、二〇一三年の「Ｗｏｍａｎ」というドラマ。満島ひかり演じるシングルマザーに六歳と三歳の子がいる設定で、鈴木梨央ちゃんと髙橋來くんが演じていた。

梨央ちゃんは、大河ドラマ「八重の桜」で綾瀬はるかの少女時代を演じていて知っていたが、來くんを見たのは初めてだった（その後の梨央ちゃんの出世街道については割愛）。

彼がそこで演じていたのは、言葉の遅い陸。保育園らしきところの先生から、知能テストを受けてみてはと言われ、満島が「でも、こちらの言っていることはすべて理解してますし」と反論するシーンが描かれる。

わかっているのに言葉が出ない。その感じを來くん、実に上手に演じていた。そして、ある事件をきっかけに陸は突然、話し出した。言葉があふれてくる。幼い子どもの成長の瞬間を見せられ、そのリアルな演技に驚いた。

來くん、どうなってるんだろうと思った。だって実際の來くんも、このドラマに出るせいぜい一、二年前に、日本語を習得したはずだ。そういう子が、「わかるのに、出ない」「一気に話し出す」を演じる。すご過ぎる。

言葉が出ないときも、陸は唯一「トトロー」と言っていた。緑色のワニのぬいぐるみをそう呼ぶのだ。その様子が愛らしく、言葉を得てからは、健気さが加わった。私は心を奪われ、「最年少天才子役」と認定した。

「ひよっこ」での圧巻シーン

さて、進になった來くん。「來」という字を画面で見つけ、「あ、あの子だ」と思い出した。ホームページを見ると、「おねしょがなおらない8歳」とあった。ストーリーには影響のない役。でも存在感があった。

父の帰らない家で、風呂敷をかぶり、手裏剣を投げている。父親不在を知らず無心に遊ぶ彼の演技が、家族の不安を表している。

そこから時が経ち、記憶が戻らないまま帰ってきた父を迎えるシーンは圧巻だった。「これまで迷惑をかけた」と家族に向き合って頭を下げる父。ここでやり直したいと心境を語り、祖父が「よく帰ってきた」と応じる。話がひと段落したところで、來くんだ。「いいのけ? もう、いいのけ? 話、終わり?」。そう言うと、「父ちゃん」と駆け寄り、ひざに乗る。「進かー、けっこう重いなー」と父。「大きくなったよー」と進。

我が子の存在を思い出さないまま、父として生きると決めた。その決意、子という存在の重さ。しみじみと伝わる名場面だった。

栴檀《せんだん》は双葉より芳《かんば》し。

髙橋來くん、二〇〇九年二月生まれ。今でもまだ、十分に双葉なのだけど。

第五章

朝ドラが、問いかけるもの

1 へたれの日本兵を知ってほしいと思った日 「カーネーション」2

二〇一三年をどんな年だったかと振り返ると、「あまちゃん」の年だったと言っていいのではないだろうか。四月から始まるとすぐに、自由奔放な宮藤官九郎の脚本と、主演の能年玲奈の可愛さで大評判になった。

劇中歌の「潮騒のメモリー」がカラオケになったら歌おうね、などと友人と言いあっていたら、「暦の上ではディセンバー」も合わせて実現し、紅白歌合戦では「あまちゃん」ファミリー総出演で歌ってくれた。まさに、国民的ブームだった。

だけど「あまちゃん」スタートから間もない五月、私は激しく「カーネーション」のことを考えていた。「カーネーション」のことを、世に知らせたい。そう思い詰めた。渡辺あやという脚本家が、ほんの一年半前に「カーネーション」で書いたこと。静かに訴えたこと。それを知らせたかった。

そして六月、朝日新聞のウェブサイトに短いコラムを書いた。それが私の、朝ドラについて書くことの始まりとなった。

†大阪市長の発言をきっかけに

「カーネーション」は多面体の作品だ。構成する面のひとつに、「恋愛」があり、だから第二章では周防さん（綾野剛）と糸子（尾野真千子）について書いた。

ここで書くのは、「戦争のくだらなさ」だ。安岡勘助（尾上寛之）という糸子の幼なじみの話だ。

勘助の話を書きたいと思ったきっかけは、橋下徹・大阪市長（当時）だった。大阪府知事を辞任し、大阪市長に鞍替えし、飛ぶ鳥を落とす勢いだった。自信たっぷりで、ぐいぐいと自説を展開する人だなあとは思っていたけれど、あまりお近づきにならないでおこうと、発言その他を追いかけたりすることもしていなかった。

だけど「あまちゃん」が始まって一カ月余りが過ぎた五月、橋下市長が従軍慰安婦制度について発言したことが報じられた時は、追いかけないわけにはいかない気持ちになった。曰く、日本以外のいろいろな軍で、慰安婦制度を活用していた。銃弾が雨嵐のごとく飛び交うなかで命をかけて走っていく時に、精神的に高ぶっている集団をどこかで休息させてあげようと思ったら、慰安婦制度が必要なのは、誰でもわかる。そんな話だった。

「誰でもわかる」と言われても、「わかんないんですけど」としか言いようがない。そう思った時に、勘助を思い出したのだ。勘助という人物が、「カーネーション」のなかで生きた人生を伝えねば。そんな気持ちになった。

†二度の喧嘩と、悔しがるヒロイン

安岡勘助は、安岡髪結い店の次男で糸子の同級生だ。

「だんじり祭」の花形である大工方に抜擢された兄を持ち、それが自慢でしょうがないが、糸子に「カッコいいのはおまえの兄ちゃんで、おまえはただのヘタレやんか」と一蹴される。弱虫で、優しく、糸子のことが大好きだ。

「カーネーション」を構成する多面体の一つに、「男と女の違い」というものがある。そのために初盤で二度、「糸子が男の子に喧嘩を挑む」というエピソードを登場させる。二度とも同じ河原が舞台で、どちらにも勘助がいる。

最初は尋常小学校時代。糸子は和菓子屋の店先から団子をくすねた勘助とその友だちを追いかけ、団子を取り返す。それを友だちの方に逆恨みされ、その兄が喧嘩を売ってくる。一度は断る糸子だが、「女やからて、大目には見いへんどー」の言葉に反応し、オロオロする勘助を尻目に、取っ組み合いを始める。

互角、または優勢に喧嘩を進める糸子だが、組んずほぐれつしているうちに、気の弱い父（小林薫）に代わって集金し帯にはさんでいたお札を川に流してしまう。慌てて追いかけ、川に流される糸子。助けようと川に入り、流される勘助。結局、助けるのは、通りかかった勘助の兄・泰蔵だ。

びしょ濡れで泰蔵に背負われ、帰宅する糸子。なぜ、そんなつまらん喧嘩を買ったのか、と聞かれ、「女やからて、なめられたくなかった」と答えると、父は糸子を殴り飛ばした。「アホ、これが男の力じゃ。どないしても、勝てへんやろ。女が男と張りおーてどうするんじゃー」

糸子が歯を食いしばって、涙をこらえている横で、勘助はメソメソ泣いていた。糸子の父は気が弱いくせに、家では立派な暴君なのだ。翌日、糸子は女に生まれた不運を嘆く。女は弱い、だんじりも曳けない、したい仕事もできないと。「決まりだから」と女はだんじりに触らせてもらえないこと、女は結婚して夫を支えよという親や先生の教え。どちらにも一貫して、糸子は疑問を持っている。

二度目の喧嘩は、女学生になってからだ。学校からの帰り道、勘助とすれ違う。そのまま通り過ぎようとした矢先、勘助がいじめられている声が聞こえてくる。中学の同級生達から、何かを盗んでくるよう命じられている。その同級生に体当たりする糸子。

「小原糸子じゃ。このヘタレのツレじゃ。このヘタレいびってえろなったつもりか。どんな腐れ根性してるんや」

真っ当な正義感と勇気の持ち主の糸子。ところが、喧嘩は完敗だった。さすが腐れ根性の同級生だけあって、糸子のお腹を蹴ってくる。防戦さえできない糸子。しかも「喧嘩においで弱虫のとる唯一の作戦」そのままに、勘助が「わーーー」と叫びながら鞄をぶつけ、糸子を助ける。勘助におぶられて帰宅した糸子は勘助を追い返すと、布団のなかで泣く。様子を見に来た祖母に痛いかと聞かれ、痛くない、悔しいのだと泣く。

「勘助に助けられるようになったら、しまいや。知らん間に、男らどんどん強なって、うち、置いてきぼりや」

そして「女学校を辞めてパッチ屋で働きたい、なのに父親がダメだという。でも、ミシンはうちのだんじりなんだ」。そんな心情を絞り出すように訴える。父親からパッチ屋行きを許可されるのは、その翌日だ。

意志は強いが、子どものままなところがある糸子。中学を卒業し大きな紡績会社に勤めたが、不況で人員整理に遭い、かつて団子を盗んだ和菓子屋に勤め、こっちのがずっと好きだと語る勘助。邪念のない二人同士。

†残った手と足、無くした肝心なもの

糸子は勇気だけでなく、商才もある。東京の百貨店の火事で和装の女性店員がたくさん亡くなったと新聞で知り、心斎橋の百貨店に洋装の制服を売り込みに行く。断られるが、粘る。「気に入られようとするからダメなんだ。自分の着たい制服を作ればいいんだ」と気づき、採用される。この境地に十代で到達する糸子。働くべくして働く女子だと思う。

五日で二十着、一月二日に納めるという条件に、父親がとうとうミシンを買ってくれ、家族総出で作る。糸子はミシンを踏み続ける。勘助がおせちを届けてくれる。そして二日の朝、ナレーションで糸子の声が入る。

「気づいたら、勘助が、糸くず取りをしてました」

勘助は、そんな子だ。ダンスホールの踊り子を好きになって、通い詰める。「和菓子屋のおっちゃんが、給金をくれなくなった」と母にウソをつき、全部、踊り子につぎ込む。子どもか、という話だが、そんな子だ。

そんな勘助に赤紙が来たのは、昭和十二年、勘助は二十四歳だった。「軍隊は工場よりきついに違いないから、嫌だ」と言いながら、出征する。間もなく、実家にハガキが届く。

「私は　　　　で、　　　　で、岸和田がなつかしいです」と子どもより下手な字で書いてある。

「で、」と「で、」の間のところは、墨が塗られている。

「これ、軍の人に消されたっていうこと?」

糸子が最初に口にした「戦争への違和感」だ。「人のハガキを塗りつぶす、その胸くそ悪い墨みたいなもんは、少しずつ私たちの暮らしを塗りつぶしていきました」。そうナレーションで入った。

勘助は戦争に行き、四年後に無事、帰ってきた。が、糸子が開いた慰労会に、来ない。「お腹の調子が悪い」と家族は言うものの、だんじり祭にも姿を現さない。業を煮やした糸子が会いに行くと、表情のない勘助が背中を丸めて座っている。

その様子に戸惑い、糸子は「手も足も残っているじゃないか」と声を掛ける。手も足も残っているが、肝心なものを無くしたと勘助が返す。「心や」と言う。鼻水とよだれを垂らし、呆けたような勘助がアップになる。

その年の暮れに真珠湾攻撃があり、糸子は心のなかでこうつぶやく。「戦争なんて、何がおもろいねん。勝つなり、負けるなり、ちゃっちゃと終わってほしいわ」。

家にこもっていた勘助が元の和菓子屋で働き出した時、糸子は糸子なりの善意で、もっと元気づけようと考えた。

喫茶店に勘助を誘い、そこにダンスホールで働くサエ(黒谷友香)を呼び出す。勘助が和菓子屋の給金をつぎ込んでいた相手で、糸子の顧客であり、友人でもある。

「サエ、勘助や、覚えてるか?」「覚えてるわー。よう無事で、帰って来たなー」。女同士の会話の横で、勘助は震えていた。込み上げてくる吐き気をこらえているようでもある。そのまま、店を飛び出す勘助。糸子が追いかけて行くと、河原で勘助は号泣していた。遠くで見つめるだけで、声もかけられない糸子。

その晩、勘助の母・玉枝(濱田マリ)が糸子を訪ねて来た。勘助が二階から飛び降りようとしたと告げる。そして、「世の中、みんながあんたみたいに強いわけちゃうんや、もっと弱いねん。もっと負けてんや」と詰め寄る。商売もうまくいき、家族も元気なあんたには何もわからないだろうと言い、「今の勘助に、あんたの図太さは毒や。頼むさかい、うちにはもう近づかんといて」と言って去る。

大団円を前に描いた「加害」

それから三年。終戦の一年前に、勘助に二度目の赤紙が来た。糸子の家の近くまで来た勘助は、糸子の妹に会う。糸子姉ちゃんに会わずに行くのか、と尋ねられ、答える。

「会いたいけどな、オレにはな、もう資格がないんや。せやけど、それもやっとしまいや」

一カ月後、勘助の葬式行列が出た。そういう日本兵のお話だ。

これだけだったら私は、二〇一三年に大阪市長の発言を知っても、あれほど強烈に「カーネーション」を思い出さなかったかもしれない。

糸子と勘助の後日談があるのだ。

終戦から二十年経った年に、玉枝が「余命半年」と診断され、入院する。関係を修復した糸子は、毎日のように玉枝を見舞う。明るく歓迎する玉枝だが、ある日、厳しい顔で語り始める。

待合室でテレビを見た。戦争のことをやっていた。日本軍が戦地で何をしたかという話だった。自分はずっと、勘助はひどい目に遭わされたと思っていた。やられて、あんなふうになったと思っていた。だが、違っていた。そう玉枝が語る。

「あの子は、やったんやな。あの子が、やったんや」

従軍慰安婦のことだ。私は反射的にそう思った。サエに会った時の勘助の態度が頭に残っていたから、勝手に確信した。

この場面、勘助の葬式行列から十週後に放送された。尾野が糸子を演じる最後の週で、娘たちの活躍や末っ子のロンドン行きなどが描かれていた。大団円に向けての明るい、前向きな調子が、これで一変した。

玉枝の話を聴きながら糸子は、号泣していた。なんの涙だろう。見ながら、考えた。

勘助にサエを会わせた後悔だろうか？　何か重たいものを抱えて死んでいった勘助への同情だろうか？　正解はわからない。勘助の悲しみは、戦争を知らない私より、戦争を肌で知る糸子たちには、ずっと胸にこたえたはずだ。そんなことを考えた。

小篠綾子の人生を時系列で追うのだから、戦争を描くことは避けて通れず、糸子という女性からみた「あほらしさ」は十分に描かれていた。それだけでもよかったのに、玉音放送を聞いた糸子が、「さ、お昼にしょうけ」と小さく言って、立ち上がる、それだけでもよかったのに。

それから時が経ち、日本は豊かになった。糸子の三番目の娘がロンドンに行く時代になって、戦争における「加害」を描く。「カーネーション」は、すごいドラマだ。大阪市長の発言後、ますますそう考えた。

✝仕事は力をくれるものだから

多面体の「カーネーション」だが、「女であることの哀しみ」が底に流れるドラマだった。だが、その先のメッセージというものがあった。言葉にするなら、哀しみを踏まえての前進。そんなことだと思う。

玉枝が糸子に「うちには近づくな」と言った後、同じ髪結いの仕事をする長男の妻・八重子（田丸麻紀）が糸子に「お母さんのこと、かんにんしてやって」と謝りに来る。元々は優しい人だが、戦争で店の経営が厳しい上に、勘助のことで参っている。そう語る八重子だったが、糸子は「うちはあんたらの親類やないから、辛抱する筋合いないわ」と言い放つ。言ったそばから反省する糸子だが、強い人は他人を傷つけがちなのは事実だと思う。

戦争が終わって間もなく、八重子が糸子を訪ね、実家に戻ると報告する。二人の息子を亡くした玉枝は床に伏せ、「あんたが嫁に来たから、こんなことになった」と言うようになった。夫も戦死し、好きな仕事ができれば自分も耐えられるのだが、パーマ機は供出してしまってないのだ、と。

ここからが、強い糸子の本領発揮だ。もうモンペは履かなくていい。これからは洋服とパーマの時代だ。パーマ機を買いに東京に行こう、お金は貸す、絶対パーマははやるから、すぐ返せる。仕事は力をくれる、そう言ったじゃないか。だから東京に行こう。そう、八重子を誘うのだ。

糸子の強さの話をもう一つする。玉枝と、糸子の同級生の奈津（栗山千明）の話だ。奈津は大きな料亭の跡取り娘で、小さな頃から玉枝の髪結いに通っていた。気が強く、誰にも弱さを見せない奈津だが、玉枝を慕っていた。

戦時中に奈津の継いだ料亭は倒産、借金を踏み倒し、奈津は母と逃げた。そして、行方不明になっていた奈津を闇市で見かけたという人が現れる。米兵を相手にするパンパンと呼ばれる女性のような格好をしていたと。糸子が居どころを捜し出し、何をしているのだと連れ戻そうとするが、「あんたには関係ない」と追い返される。

そのとき糸子が頼ったのが、玉枝だった。玉枝とは「うちには近づくな」と言われて以来、会っていなかった糸子。八重子のパーマ屋は大繁盛だが、玉枝は二階で伏せったままだ。

その玉枝を、糸子が訪ねる。直前、糸子は自分に言い聞かせていた。怖いけど、がんばる、と。

勘助を巡ってあんなことがあったのだから、玉枝を訪ねるのは怖い。だが、奈津を助けられるのは玉枝しかいない。そう考えたからには、会いに行く。

そう、堂々とすること、前進すること。それが「カーネーション」からのメッセージ。

玉枝の布団の横で、事情を話す糸子。奈津を助けてと頭を下げる。だが玉枝の返事は、「今の私に人を救う余裕なんかあるかいな、あほらし。帰って、はよ帰って」。

だが、結局、玉枝は奈津を訪ねる。息子二人が戦死した話をし、お母ちゃんは亡くなったのかと尋ね、「しんどかったな、あんたも。たったひとりでつらかったな」。そう言いながら、奈津の頭を撫でるのだ。

†誰もが前進していくドラマ

女同士が助け合う。それも「カーネーション」が随所で描いたことだ。一人ひとり事情は違うが、共通するものがあるから、助け合える。女である哀しみを共有している。多くの言葉は、いらない。

しばらく経って、奈津が玉枝を訪ねてくる。玉枝はまだ二階で伏せているが、八重子に声をかけられ、降りてくる。あの日は何のお構いもせずに申し訳なかったと、地味な着物姿で謝る奈津。ここから突然、玉枝が明るい調子で語り出す。

うちの店、髪結いでなく、パーマ屋でなく、そうだ美容室にする。糸子に仕事用の制服を作ってもらおう。だから、手伝って。奈津にそう言う。

「おおきに、おばちゃん。せやけどうちはもう、表の世界の女と（違う）」と言いかける奈津の口に人差し指をあて、玉枝が言う。

「言いな、金輪際。もう忘れ。忘れて先、行こ。うちもそうするよってな、あんたも、そないし」

登場する女たちが誰もみな、前進していくドラマだった。女だからの理不尽は、あまりにもたくさんある。そもそも戦争は、勝手に男が始めたものだ。「しょーもない」と糸子は何度も言っていた。

終戦から二十年後に、玉枝という、二人の息子を戦争で亡くした女性が「加害」を語った。終戦から六十六年後に、そういうドラマが放送された。

渡辺あやさんという脚本家は、一九七〇年生まれ。終戦から二十五年も経って生まれた人が、こういうドラマを書いたこと、おかしな表現かもしれないが、ありがたいように感じた。そして、こんな朝ドラがあったことを、橋下さんに知ってもらいたいと思った。

それから五年経った。「カーネーション」のこと、糸子と玉枝のこと、知ってもらいたいと思う相手は、橋下さんだけではない。そのことを思うと、少し、暗い気持ちになる。

2　男子から、なんと呼ばれたいですか？　「あまちゃん」2

「あまちゃん」ほど論じられた朝ドラはなかったと思う。「あまロス」という言葉が広がり、関連本もさまざま出版された。『あまちゃんファンブック』（扶桑社）は2まで出た。『あまちゃんメモリーズ』（文藝春秋）は「みなさんのあまロスをなんとかすっぺ会（M3ALNSP）」編で、アルファベット会議の好きな北三陸駅長の大吉つぁんも喜んだに違いない。なかでも中森明夫著『午前32時の能年玲奈』（河出書房新社）は力のこもったもので、能年ちゃんから未来のアイドルを論じていた。

中森氏には及びもつかない私であるが、すでに第四章で「あまちゃんの真っ当さ」について書かせていただいた。が、もう一つ書こうと思う。アメ横女学園も「暦の上ではディセンバー」で、こう歌っていた。「さまよう気分はハンター」と。そんな気分で、書こうと思う。水口琢磨さんについて書こうと思う。

そう、松田龍平演じるところの、アキの所属するアイドルグループ「GMT」のマネージャー。彼を通して実感した、「ドラマにおける『おまえ』の消滅」を書く。

✝ミズタク部屋での「君は、いくつだ」

「おまえ」の消滅、などと突然言われてもさっぱりわからないと思うので、縷々《るる》書くのだが、きっかけは忘れもしない、二〇一三年七月十日放送の水口とアキとの会話だった。

すごく短いので再現する。

アキ「眠れません」→水口「君は、いくつだ。もう寝なくていいから布団のなかでじっとしてなさい」

と、これだけなのだが、前提を少し。

アキは一人でGMTの合宿所で暮らしているのだが、それはそもそもスカウトされたアキとユイ（橋本愛）が東京へ出発する当日にユイの父（平泉成）が倒れたためだ。ユイは残って父のリハビリを支え、回復の兆しが見えてきたところで、なんと、母（八木亜希子）が失踪してしまう。東京行きどころではなくなったユイは、おデブでちっちゃな犬をいっつも連れている「悪い先輩」と付き合い出す。

そして七月十日の放送。この日、アキはGMTの街頭ライブで上野にいた。「暦の上ではディセンバー」などを歌い、握手会。そこになんと、ユイの母が通りかかる。トレンチコートを着て、すっかり都会になじんでいる。隣には、ちょっといい感じの男性。

楽しそうに笑っている二人。ふ、ふりん？

合宿所（風呂なし、トイレ共同）の小さい三人部屋で、悶々として、眠れないアキ。

「病気の夫を見捨て、娘の夢を犠牲にし、なんたる鬼嫁じゃ」。「ユイちゃんに知らせねば……いやいや、これ以上、ユイちゃんを傷つけられねー」。アキの心の声がナレーションで流れる。

そしてアキ、水口さんの部屋に行く。合宿所の水口さんの部屋は「あまちゃん」放送中、ネット界で「ミズタク部屋」と話題になっていた。が、私は部屋でなく、水口さんの一言にやられてしまった。そう、先ほどの台詞「君は、いくつだ」。「君は、」にやられてしまったのだ。ドキッとしたのだ。胸キュンになったのだ。

そして、アキ「じっとしていたら、うるさいって言われました」↓水口「うるさい？」↓アキ「気配がうるさいって、出てってくれって」と続き、アキが上野でユイの母を見たと告白、「え？　風邪薬のコマーシャルに出てそうな、あの上品な奥さんが？」と水口が返し、軽妙な台詞の応酬になるのだが、私の頭には「君は、」が鳴り響いていた。そして、こう思った。

「これがキムタクだったら、絶対『おまえ、いくつだ』だな」と。

†木村拓哉の「おまえ力」とは

五十もだいぶ過ぎた私が、何を今さら「胸キュン」などと書いておるかを説明するために、木村拓哉という人について書かねばならない。

あらかじめ断わっておくが（と妙に力を入れるのもなんだが）、私は木村ファンでは全くない。が、かねがね彼を「おまえ力」のある人だなあと思っていた（「おまえ力」は私の勝手な表現だが、「力」は「りょく」と読んでいただきたい）。

木村という人は、人との距離をいきなり縮める天才だと思う。初対面から誰にでもタメ口。その相手は老若男女を問わず、権威や財力のあるなしも関係ない。そのくせ実は正義感にあふれ、ハートは熱い。そんな役をやらせるとピカイチで、実際の木村拓哉という人もそういう人ではないか、と思わせる。

そして、彼の演じる男性が女性に向けて「おまえなー」と言うと、見ている女性も一緒になってドキッとしてしまい、そこが彼の人気の根幹だと思う。

木村という人は、実にさらりと「おまえ」を連発する。松たか子を相手に、「友だち以上、恋人未満」な感じを演じるときなど、おまえ力爆発だ。その最盛期は彼女と共演した「ラブジェネレーション」「ＨＥＲＯ」あたりではなかったか。彼女の、恋に前のめりでない、又は不器用な感じの演技とうまくかみ合うと、すごくドキドキさせられたものだ。

それが現実の世界となると、どうだろうか。

「くちなしの白い花、おまえのような花だった」と渡哲也が歌ってヒットしたのは、昭和四十八（一九七三）年。昭和はさておき、今は平成である。それも、終焉のカウントダウンが決まっているのである。どう考えても、男子が女子に「おまえ」を連発するのは気が引けよう。だけど、木村だけは違う。

平成二十六（二〇一四）年、「ＨＥＲＯ」が帰ってきた。松たか子の役は、北川景子にバトンタッチされていたが、木村は相変わらず北川相手に、「おまえさー」「おめーなー」の連発だった。「振り向けばテレ東」が現実になっている危機的状況を何とかするため、フジテレビがキムタクの「おまえ力」にすがる。さながら、そんな構図だった。

帰ってきた「ＨＥＲＯ」は十分に楽しめたが、フジテレビは相変わらずなようだ。「困ったフジテレビをなんとかすっぺ（ＫＦＴＮＳＰ）」という話はフジテレビの人にお任せするとして、ここでやっと水口さんに戻る。

†高い位置から距離を縮められて

松田龍平という人は「ぶっきらぼう」が身上だと思う。それだけだと高倉健の系譜というか寡黙系というか、「自分、不器用ですから」になってしまうのだけど、それと大きく違うのは、「世の中を舐めているんだか、いないんだか」風味が加わっているところだ。「舐めている」と言い切れないところが、松田の「ネオぶっきらぼう」の魅力、と私は思っている。

もうパート3まで出来たのだからきっと人気なのだろう、映画「探偵はBARにいる」の最新作（パート3です）も見たのだが、低いところで温度が一定、でもやる時はやるぞ、世の中ちょっと舐めてる感じだけどね、な「主人公の相棒」をかっこよく演じていて、主人公の大泉洋よりよろしかった（当社調べ）。

「あまちゃん」での水口さんも「温度低め」「ネオぶっきらぼう」で一貫していたのだが、東京編になって「知らねがった、水口さんが、そこまでオラだぢに賭けてたなんて。無表情でわかりづれえけど、そこそこ熱い人なんだ」とアキに評されるような面を見せ始めた。

そんなところへの、「君は、いくつだ」だった。

「あまちゃん」放送は「HERO」復活の一年前だった。木村と北川の関係は、そっくり水口とアキに当てはまる。木村＝検事、北川＝事務官。年齢は木村がだいぶ上。水口＝マネージャー、アキ＝駆け出しも駆け出し、アイドルの卵。年齢も水口がだいぶ上。しかもアキをたしなめる場面だった。木村でなくても「おまえ、いくつだ」と言わせたくなる場面だ。にもかかわらず、水口は「君」と言った。

脚本の宮藤は「君」と書き、演じる松田は「君は」の後にちょっとした間をあけ、絶妙な「いくつだ」を発した。

遠慮がありながらも、ちょっと高い位置から諭す感じ。低い体温が上がって、距離が縮まる感じ。そんなものが凝縮しているわけで。だから胸キュンなんす、解説させていただくと。

もちろん、「君」と言えばオールオッケーでは、全くない。「ちょっと高い位置から」が実に難しく、水口の場合は、アキへのちょっとあきれるような感じと、そこを愛でる感じがちょうどよく配分されていたから大変よいわけだけど、これが「マッチョ界の住人」が「すごく高い位置から」発すると、もうぜんぜんダメなのだ。

例えば。石原慎太郎という人は、小池百合子さんからさかのぼると、何代前になるのだろう、もう遠い昔の気もするが、都知事の記者会見がよく中継されていた。そしてしょっちゅう、こう言っていた。

「失礼だなあ、君は、どこの社だ？」

失礼だなあ、君は、何さまだ？　である。全然ダメな「君」。

†恋愛の局面での「おまえ」について

「おまえ」に話を戻すと、「あまちゃん」では、「潮騒のメモリーズ」のおっかけ第一号のヒビキ一郎（杉村蝉之介）が「おまえ」を連発する人として登場する。

北三陸編のごく最初からユイを追っかけ、ついでにアキを追っかける「発掘型オタク」として出てきたヒビキだが、いつの間にかアイドル評論家になっていて、東京編ではGMTのインタビューに来る。そこでリーダーの入間しおり（松岡茉優）に、「おまえがリーダーだろ、違うのかよブース」と言い放つ。

「おまえ?」「ブス?」と二度ムッとする入間に、アキは、「口癖だから。言うほどブスと思ってない」とフォローする。つまり「あまちゃん」での「おまえ」は、「ブス」と同じ「暴言」だ。

ドラマを離れて、リアルな世界で「おまえ」はどうなんでしょう?

恋愛の局面が、ギリギリ成立するのかなあ。

思うに恋愛って、どちらがより好きかの勝負みたいなところがあり、その勝負は勝てばいいかというとそうでもなく、「おまえ」という表現が「ああこの人は、上から言ってくれる」というある種の負け感になり、それが快感だったりする。ってこともあるような。

これが仮に仕事の場で、そこらの男に「おまえ」などと言われたら、「何を勝手に勝った気でいるんだよ」という違和感にしかならない。まだ時々、職場で「おまえ」と言う図々しいヤツが散見されるが、おまえはキムタクか、と言ってやるほどの親切心も持ち合わせないから、冷ややかに放っておくのだが。

で、水口さんなのだが、「君は、いくつだ」発言から少しあって、またまた胸キュン台詞があった、超胸キュンが。

リーダーの入間が「国民投票」の結果、解雇となる。国民投票の説明は省くが、アキの言うところの「秋元ナニガシみてーな、つんくナニガシみてーな」アメ横女学園の太巻プロデューサー（古田新太）が考えたもので、とにかくその結果、入間は合宿所を出て行かなくてはならない。荷物をまとめ、行こうとしたその時、水口がこう言う。

「しおり、ちょっと待て、行くな」

名字でなく名前、それも呼び捨て、しかも命令口調。温度の低い、ネオぶっきらぼうな人が、一挙に距離を縮めてきた。これを胸キュンと言わずして、何を胸キュンと言いましょうか。リアルな恋愛の場面だったら、これ、めちゃめちゃ効くと思うし、女性視聴者のかなりがもっていかれたろうなー、と思う（あ、私もです）。

が、ここにも「おまえ」は出てこない。そう、ドラマにおける胸キュンワードとしての

「おまえ」は消滅したわけだ。と結論したところで、次に呼び捨て問題に移ろう。

†リスペクト&対等な関係=アキちゃん

「あまちゃん」で水口さんが、誰かの名前を呼び捨てにするのは、「しおり、ちょっと待て」が最初で最後だったと思う。この後、水口は太巻ナニガシの事務所ハートフルを辞め、同じくハートフルを辞めたアキのマネージャーになるのだが、決して「アキ」と呼ばない。「アキちゃん」だ。

宮藤官九郎という才能ある脚本家は、そもそも男とか女とかをヒョイっと超えたところにいる人なのだと思う。だから「おまえ」はなし。呼び捨ては、決め台詞だけ。水口の「アキちゃん」は、アキという人物、才能へのリスペクト。アキという才能を世に訴えるにあたって、二人は対等な関係。そういうことが表れている。

「あまちゃん」に、マッチョな人は一人も出てこない。男くさい人は出てくる。その頂点が北三陸高校潜水土木科の教師である磯野心平(皆川猿時)だったりするのだけど、アキや種市先輩(福士蒼汰)から「イッソン」と呼ばれていることからわかるように、愛くるしい男くささだし、イッソンに限らず、登場する男子はみな、女子をちゃんと認めている。

そもそも海女《あま》さんが、町を支える貴重な観光資源なのだが、そこに流れる空気が気持ちよいから、女子を抜擢した企業がその女子を急に「広告塔」にするような、商品扱い感はまるでない。

そしてここから、「あまちゃん」でない話。

†あのドラマ、ふたを開けたら、あの人

見るドラマを選ぶにあたり、私は「無条件枠」というのを作っている。その人が出るなら「無条件で」見るという枠で、「その人」の筆頭は松田龍平だ。あ、ファンなんです、松田さんの。バレてますよね、多分。

もちろん出来不出来はある。が、松田さんが出ていれば、どんなドラマもご機嫌で見る私。そうして見た昨今のドラマのなかで、最高峰にいるのが「カルテット」だ。

ストーリーは割愛するが、坂元裕二という、宮藤官九郎と双璧の「非マッチョ」脚本家による群像劇。松田は松たか子に片思いをしているお金持ちの息子という役。他に高橋一生、満島ひかりが主要メンバー。四人は弦楽の売れない演奏家で、軽井沢にある松田の実家の別荘で合宿のように暮らしている。

松は既婚。大手広告代理店に勤める夫がいる。ある日、松が買い忘れたラー油を買いにコンビニに行き、戻ったらいなくなっていて、そのまま帰ってこない。松が殺したのか?

などという展開もありながら、その夫のことを四人がしばしば話題にする。その時、松以外の三人は、彼を「夫さん」と呼ぶ。

目の前にいる人、またはそこにいない誰か、とにかく他人《ひと》の「夫」を話題にする時、なんと呼ぶか。ものすごく難しい。

「ご主人」が普通だが、抵抗感ありまくり。「旦那さん」ならよいという人もいたが、「私の大事なっ旦那さまー」って昭和演歌の一節（ご存じですか？）を思い出してしまう。「お連れ合い」というのは官製「男女共同参画」の匂いがして、使いづらい。

そこをあえて「夫さん」で攻めた坂元。さすがである。松田＆高橋のイケメン二人＆キュートで達者な満島がバンバン口にしたから、「夫さん」が流行して、定着するかもしれないと淡い期待を抱いたりもしたが、その気配なし。うーん、残念。

で、「カルテット」のなかの「夫さん」だが、松に殺されているということはなく、途中から登場する。松のことを「愛しているけど、好きじゃない」などと言うめんどくさい夫だが、姿を現し、松を「真紀ちゃん」と呼ぶ。水口の「アキちゃん」と同じ、リスペクトフレーバー。

そしてそして、「夫さん」を演じていたのは、宮藤官九郎だった。

ね、非マッチョ組はつながるでしょ。

3　勝ちにいかない美しい人生と、女子に効く人　「ひよっこ」2

ブイブイ言わせていた時の小池百合子さんは一つの典型なのだが、「勝ちたい人の勝ちたい人による勝ちたい人のための◯◯」ってものが増えすぎて、まるでついていけない。小池さんの場合、◯◯にはまず「排除」が入り、その後「選挙」が入って、その後ひょっとしたら「政権」が入るって噂さえもあった。

ブイブイ言わせ過ぎた小池さんには、結局「政権」は転がってくることはなくて、◯◯に入れた「国難」ってのを、大きな声で叫んだ安倍晋三って人に、大勝利が転がり込んだ。次の◯◯に「改憲」っていうのが入る日がどんどん近づいているという現実を思うと、心の底からどんよりしてしまう。

という話にはこれ以上、深入りしないのだが、◯◯に入る言葉は永田町にだけあるわけではもちろんない。「メディア」っていうのもあるなーと思うし、「経営」もそうだなーと思う。あと何だろう、「社会」っていうのが一番大きいかな。

社会がそういうふうになってしまったなー、リーマンショックのあとあたりから始まって、アベノミクスになって拍車がかかったよなー、市場《マーケット》好き好き、自己責任いいね！な感じになっちゃったなー。いいです、私は勝たなくていいです、でもそういう人間って終わってる感じですよね、今の社会では。

などとブツブツ言っても、誰も答えてくれない。

「ひよっこ」は違った。

勝たなくていい。勝ちにいかない人生でいい。そっちが普通。普通は、とても美しい。

そんなふうに毎朝、私に言ってくれた。大好きだった。

†喬太郎をして語らしめる朝ドラ

そんな「ひよっこ」が最終回を迎えてしまった二〇一七年九月三十日の昼下がり、日本橋で柳家喬太郎さんの落語を聞いた。幼い丁稚《でっち》さんが半年前の花見の様子を思い出すよう、旦那さんに迫られて、こう言っていた。

「そう言われましてもダーさま、『ひよっこ』のお父さんではないですから、思い出せないのでございますよ」

どっとわいた。記憶を失っていたみね子のお父ちゃん（沢村一樹）が、最終回で重箱をすずふり亭に預けていることを思い出した。すべてを思い出したわけではないと言っていたが、記憶が戻りかけてきたことを暗示させてのハッピーエンドだった。

大好きで追いかけている喬太郎さんだが、朝ドラを高座で語ったのは私の知る限り「あまちゃん」以来だった。

喬太郎をして語らしめる朝ドラ。「あまちゃん」と「ひよっこ」という傑作。喬太郎さーん、気が合いますねー。心のなかで手を振った。

「あまちゃん」が鮮やかな切り口で、キラキラ輝きながら「ファイトッ！」と言ってくれるドラマだったとすると、「ひよっこ」は狙いを心に秘めながら、優しく静かに「ファイト」と語りかけてくれた。

一九六四年から四年間のお話。主人公みね子（有村架純）は出稼ぎ先で行方不明になった父の代わりに稼ぐべく集団就職で上京。最初の勤め先である向島電機が倒産し、お父ちゃんがハヤシライスを食べ、重箱を預けることになった赤坂の洋食店「すずふり亭」で働き、最後にそこで出会った見習いシェフとの婚姻届けにハンを押す。まとめれば、それだけの話だった。

登場人物はみな、勝ちにいかない人だった。でも、努力する人たちだった。その人たち一人ひとりが丁寧に描かれ、そこに至る悲しみ、そこにある真っ当さ、突き動かされる熱、そのようなものに触れられた。そのたび、泣いた。

†ナンバーワン、オンリーワンの隣にあるもの

脚本家の岡田惠和は、「ひよっこ」を終えるに当たってインタビューを受けていた。ヒロインのことを「朝ドラだからという理由で、主人公は夢のある人というふうに決めるのも、ずいぶん強引な話だなって思うんです」と語り、舞台にした高度成長期を「ナンバーワンもオンリーワンも特に求められていなかったと思う」と語っていた。

そして「そういう（ナンバーワン、オンリーワンの）考え方が今を生きる子どもの枷《かせ》になっているように思う」と続けていた。

夢、ナンバーワン、オンリーワン。こういうものの隣に、勝ち組負け組社会がある。その考えが枷になっているのは、子どもだけではない。そのことを、実は岡田さんもわかっていると思う。

みね子の父の弟、宗男おじさん（峯田和伸）については、第四章でも触れた。インパール作戦の生き残り。偵察に行き出くわしたイギリス兵が、なぜかニッコリ笑ってくれた。そのおかげで死なずにすんだ。あいつとビートルズがごっちゃになっていると語ったおじさんだ。「俺は笑って生きてっとー。ビートルズー、おまえも笑ってっかー」。そう叫びたくなると言ったおじさんだ。

彼はみね子が住むアパート「あかね荘」の裏で、そこに住む若者たちにもビートルズを語った。これがまた、とてつもなくよい。戦争の話ではない。今とこれからの話だった。

ビートルズの初来日に合わせて上京した宗男は、みね子と一緒に兄が目撃された場所へ行く。大勢の人が行き交う通りだが、「アニキー、何やってんだー」と叫ぶ。みね子も「お父ちゃーん、みね子はここにいるよー」と叫ぶ。

あかね荘に戻り、若い住人もいる小さな庭で宗男は、みね子、思ってることをカッコつけずに叫ぶと、力が出るだろ、それに笑えるだろと語りかける。それがビートルズなんだ、と。

ビートルズは、今思っていることを音楽に乗せて叫んでいるんだ。エレキギターの音がでっかいのは、気持ちをできるだけ遠くに届けるためなんだ。聞いていると、一緒に声を出している気持ちになる。心が晴れて、歌いたくなる。だから、好きなんだ、と。

そして、若者たちに「今、思っていることを叫べ」と言う。

「腹立つことでも、仕事休みてーでも、あの子が好きだーでも、なんでもいい」と。

そうか、歌は叫ぶんだ。歌だけじゃないな。叫ぶんだ、多分、人生は。そんなことを思いながら見た。峯田の、力が入ってないのに、ひしひしと迫ってくる演技。すると一息あって、若者の一人がビートルズのチケットはあるのかと聞く。宗男は、ないと答える。

「なくてもいいんだ。あいつらが、東京に来た時に一緒に東京にいる。それだけで十分なんだ」

結果じゃない人だなあ、宗男さんは、としみじみする。思うことが一番で、それ以上でもそれ以下でもない。だってそうだよね、思いを形にするのは、限られた席を取り合うことではないよね。そう身をもって教えてくれる宗男に、心がわしづかみにされる。

宗男は空を見上げ、「星、あんまし見えねーな」と言って、「でもよー、若者諸君。見えねーだけで、ないわけじゃねーぞ」と言う。未来の話だと思った。なんだか困った世の中だけど、星は見えねーけど、見えねーだけで、ないわけじゃない、と。

「若者諸君」ではないし、宗男さんよりずっとずっと年上だけど、宗男さんのようになりたいと、心から思った。

†心も使って働いてるんだ

宗男さんは、女子に効く人だと思う。マッチョじゃないから。威張らないから。差別しないから。そういう人物を作ってくれて、岡田さん、ありがとうございます、です。

宗男の妻のこともそうだ。

南海キャンディーズのしずちゃんが演じる滋子さん。しずちゃんの得意なボクシングのポーズをとる滋子を、宗男が頭に描いてブルっと震えてみせたりすることはあっても、実際にはなかなか登場せず、最初のうちはどんな人かはわからない。

宗男は婿に入っているが、みね子の父が失踪してから、たびたび実家に来ている。義姉であるみね子の母（木村佳乃）が遠慮して、「申し訳ない」と謝ると宗男は、いいんだよ、姉さんと言い、妻もわかってくれていると言う。そして、こう続ける。

「あいつ、体もでかいけど、器もでっけーとこ、あるのよ」

器が大きいって、なんていい言葉だろう。私はこれで滋子のことがわかったし、宗男のすべてを理解した。彼も器の大きい、愛情深い人であると。

古谷一行演じる宗男の父がこう続けた。「いい女房だ、滋子は」。

お互いがお互いを認め合う。それだけでよい。勝ち負けなどない。そういうことがきっちり伝わってくる。狙いを定め、優しく、静かに。先ほどの繰り返しだ。

後に滋子が宗男に「なんでも話を大きくするなあ」と言うのだが、岡田は意図的に「意味を語る人」の役を宗男に与えたはずだ。「ちょっと変わったおじさん」にその役割を与えたことで、説教臭くなることなく、「本質」みたいなものがちゃんと伝わるようになり、その上、全体がユーモラスであたたかな空間になった。

話は少し戻るのだが、みね子が赤坂の洋食店で働くことになるお正月、たった一泊だけ里帰りした場面があった。

夜遅くに着いて、お雑煮を食べ、眠いと言って床につき、あとは翌日になっても、ひたすら眠っている。訪ねてきた宗男が寝ているみね子を見る。

「体だけでなく、心も使ってんだな」。だから、都会的な感じがする、カッコいいと言う。

他人と働けば、心を使う。そうか、と自分を振り返る。

わかるよ、疲れるよね。そしたら眠ればいいんだよ。カッコいいよ。

そう宗男に言われたと、私は思った。私以外にも、そう思った女子はたくさんいたはずだ。

この社会、生きにくく感じる割合は、まだ少し女子の方が高いのではないかしら。だって社会のルールを長く決めてきたのは男子だし、「やれ勝て、それ勝て」の世の中になって、女子はますますルールに従うことを求められがちだ。

だから宗男は女子に効く。


†「なして、なして、なして」。豊子は私だ

主人公以外にも人生はある。そんな当たり前なことが、こんなにも胸を打つとは。それも「ひよっこ」で感じたことだ。

豊子（藤野涼子）という少女がいた。

中学を卒業してすぐ、青森から集団就職で東京に来て、向島電機の寮でみね子と親友の時子（佐久間由衣）と同室になる。上野駅で初対面のみね子と時子に、中三の時の成績を尋ねる。時子は「4」が多かったと答え、みね子は実技以外は「2」が多くてなどと答える。

豊子は、「私は体育以外は5でした。なのに高校さ行かず、ここさいます」と言う。いろいろな屈託を抱えた少女。その少女がみね子たちと働き、寝食を共にすることで、徐々に心を開いていく。そうしたところで、向島電機が倒産する。

最後の日、豊子は突如、工場に立てこもる。嫌だ、ずっとここにいたいと叫ぶ。こんなことしてもなんにもならない。わかってる。でも嫌だと言いたいんだと叫ぶ。長い長い一人台詞が始まった。青森弁だ。

しゃべりたいんだ、嫌だってしゃべりたい、誰にだかわかんないけど。おれは嫌だ、みんなと働きてー。高校に行くなと両親から言われた時も、悔しかったし、悲しかったし、なんでおればかりと思ったけんど、嫌だとは言わなかった。わかったって言った。でもこれは嫌だ。

そんなふうに、息せき切って話し出し、徐々に問わず語りのようになる。

ここでも最初は心を開けなかったが、「もう意地はらなくていいでしょ」って言ってもらった。うれしかった。ここは自分が本当の自分でいられるところだ。一緒に笑って一緒に泣いて、悩んでくれて、そんなの初めてだったのに、なぜみんなと一緒にいてはいけないのか。一緒に働いてはいけないのか。

「なして、なして、なして、なして」と「なして」を三回言って、豊子は泣いた。私は最初から、ずっと泣いていた。

五分ほどの反乱だった。最後には、「何を言ってんだか、自分でもわかんねーよ。バカだと思うちゃ。バカでいいちゃ」。そう言った。

豊子、わかるよ、だって、理不尽だもんね。私も、叫びたいとき、あったよ。でも、叫ばなかった。えらいね、豊子、叫ぶなんて、えらい。がんばれ、豊子。

豊子は、もはや私だった。岡田さん、上手すぎる。

みんなが、豊子、わかったよと言う。みね子がこう言う。

私も嫌だ、大好きな場所だったから。席に座って、組み立てて、がんばって、負けなかった場所だから。

負けなかった場所——。勝つ、負けるという言葉は、こういうためにあるのだ。人と比較するために、あるんじゃない。

体育座りして、泣いていた豊子が、この言葉の後、外に出てきた。

†みね子のテーマ「自由」への回答

「ひよっこ」を見ながら、若い頃のことを随分考えた。働き始め、いろいろ悩んでいた頃のこと。みね子は悩みながら、成長していた。私はどれくらい成長したろうか。五十歳も半ばをすぎたというのに、そんなことを考えた。

みね子という、ナンバーワンもオンリーワンも志向していない女の子は、さまざまな出来事を通じ、無心のまま成長していく。

みね子の生きた時代から、五十年しか経っていないのに、「成長をするために何をすべきか」があふれる時代になってしまった。居心地が悪くてしょうがない。

昭和四十年代を生きるみね子には、働きながら、出会いながら、考え続けたテーマがあった。「自由とは何か」である。

父の代わりに東京へ行って働くと決めたみね子に対し、宗男おじさんが「あまりいろいろ背負わず、若いんだしよ、もっと自由に生きろ」と話すのが始まりだ。

みね子はその時、「自由って何?」と問い返した。

「私はやることが目の前にあって、それを一生懸命やるのが好きだよ。それを不自由なんて思わねーよ。それじゃあ、ダメなのけ?」

そう宗男に聞いた。そこまでだった。

それから上京し、会社が倒産し、新しい職場で働き、佐賀の御曹司の慶大生・島谷(竹内涼真)と出会い、恋人同士になり、別れた。父の目撃情報はあったが、行方は杳《よう》として不明だった。

そんな時、みね子が再び「自由とは何か」を語った。

すずふり亭の娘で、家出している同い年の女子・由香(島崎遥香)が、みね子の生き方を「イライラする」と批判した時だ。

島谷の実家の製薬会社は経営に行き詰まり、同業者との合併が検討されていた。それとセットで合併先の娘との縁談がついてきた。島谷は家と縁を切る覚悟を決め、それをみね子に告げるが、みね子が断った。「親不孝な人は嫌いです」と。それを知ってのことだった。

あなたはつらいことがあっても我慢して、一生懸命働いて、いつもニコニコして、自己主張しない。だからイライラするのだ。もう嫌だって投げ出してほしい、もっと自由に生きた方がいいじゃないか、と。

みね子はこう問い返す。「自由ってなんですか? みんなが好き勝手することですか?

やなことはやらないってことですか？」。

自分の母はつらくても我慢して、ニコニコ働いて、死んでしまった。だから、しなくていい我慢もあると言いたいんだ、と由香。みね子は我慢しているわけではないと言って、こう切り返した。「自由って、自分で選ぶってことでしょ」。

私はすべて、自分で選んだ。他人からはそれでいいのかとか楽しくないのではと見えたとしても、本人が選んだのだから、それは自由だ、と。島谷と結婚すれば、（金銭面で）楽になると思ったこともあったが、それでも別れると、自分で決めた。それは自由とは違うのか、と。

「自由とは、自分で決めること」という答えを出し、言葉にしたみね子。

人を成長させるのは、一生懸命生きることしかない。そのシンプルさが胸にしみる。わがまま娘に見える由香が、「嫌なことを言わせて、ごめん」と泣いた。

†「女の人の時代」と予言された時代に

それだけの若い二人の会話がふくよかに感じられ、同時に、もっともっと成長せねばと焦らなくてはいけない昨今を、こんな時代に成長しなくてはいけない若者を思う。息苦しいよね、と思う。

「ひよっこ」最終盤、父が戻ったみね子の実家では、現金収入を増やし、みね子からの仕送りに頼らず生活するため、宗男の提案で花の栽培を始めることにする。コメ農家にとっては、大きな決断だ。コメ農家を支えてきた父親に宗男は、まずこう言った。

コメはよー、父ちゃん、大事なもんだ。生きるために必要だ。生きるための象徴だ。それを作ってるのは、誇らしい。

そして、こう続ける。

花は、その先の象徴だ。平和の象徴で、楽しく生きることの象徴だ。女の人は花が好きだ。これからは、女の人が自由に好きなものを買う時代が来る。だから、花なんだと。

女の人の時代が来ると、宗男さんが予言した。その時代を私は生きている。

自由ってなんですか？　宿題をもらった気がしている。

【コラム●決め台詞】　流行語にしたーい

二〇一八年四月に始まる「半分、青い。」が心配でならない。

北川悦吏子が脚本を書き、彼女の代表作「愛していると言ってくれ」でブレイクした豊川悦司の出演も決まり、いい感じと思いながら、三月現在、NHKのPRページを見ながら、大丈夫だろうかとドキドキしている。

「やってまった」が心配だ

ヒロイン楡野鈴愛の紹介にこうあるのだ。

〈1971（昭和46年）7月7日、岐阜県東濃地方のとある小さな町に楡野家の長女として誕生。温かな人たちに囲まれすくすく育ち、大胆なひらめきで、思い立ったら即実行。失敗しても「やってまった」（＝やってしまった）と明るくやり過ごす（以下略）〉。

「やってまった」が心配だ。放送前から強調している。ヒロインにヘビロテで言わせて、はやらせようとしてはいまいか。不穏な空気。

じぇじぇじぇ。これがすべてのはじまりだ。言うまでもない二〇一三年の「あまちゃん」。年末恒例ユーキャン主催の新語・流行語大賞の「年間大賞」に選ばれた。

北三陸の人が実際にどれだけ使っているのかは知らないが、いきなり「じぇ」「じぇじぇ」がバンバン使われ、「ここらでは、驚いた時は『じぇ』、もっと驚いたら『じぇじぇ』、もっともっと驚いたら『じぇじぇじぇ』だ」って豪快に説明され、それが「あまちゃん」の空気を象徴していた。

だから見ている方も引き込まれ、みんなが

口にし、そして受賞と相成った。翌一四年に「花子とアン」の「ごきげんよう」が大賞の下の「トップ10」に選ばれたのも、「じぇじぇじぇ」のお釣りみたいなものだったろう。

一六年は「あさが来た」から「びっくりぽん」がノミネートされたものの、圏外に終わった。「じぇじぇじぇ」の神通力が、切れてしまっていたのだと思う。

失敗台詞の数々があるから

なのに、なのに。「どうしたもんじゃろのー」とヒロイン常子に言わせてしまって、全然似合ってなかったり(「とと姉ちゃん」)、子ども時代は可愛かった「なんか、なんかなー」をアイデアの「打ち出の小槌」のように言わせてしまったり(「べっぴんさん」)。

ほかにもはやらせたい気満々の失敗台詞がいっぱいあったから、「北川悦吏子、おまえもか」な気分になってしまう。

なーんて言いつつ、実は「びっくりぽん」はわりと気に入っていたので、マイ・ベスト「びっくりぽん」を紹介してしまおう。

五代(ディーン・フジオカ)は大阪に「ビッグカンパニー」をつくりたいと常々言っていた。もちろん、ちゃんとした発音で。「ビッ、カンパニー」って感じで。

あさ(波瑠)と舅(近藤正臣)は、最初はまるでわからなかったが、大阪に必要そうなものだと理解し、その件で五代と面会する。「用件は」と言って、いきなりこう言う。「びっくりぽんの、カッパ!」。二人で頭の上にお皿を作ったり、「カッパー」と驚いた調子で言ったり。なんか可愛いシーンだった。

あら、NHKの思うツボ?

あとがき

とある女子飲みの席に、とある男性を招待した。昨年のことだ。

背が高くて、ハンサムで、仕事のできる社外の人で、一緒に仕事をした。職場の女子同士、一緒に飲みたいね、となって、ご招待した。

流れで、朝ドラの話題になった。「ひよっこ」が放送されている時期だった。

彼は、ヒロインたちが着ている昭和の洋服がとてもよい、と言った。随分と昔、「芋たこなんきん」という朝ドラを見て、國村隼という俳優が好きになった、とも言った。

んもー、なんてステキなの。女子心、わかりまくり。そこから朝ドラ談義で盛り上がり、翌日、職場の女子における彼の人気は、ますます絶好調になった。

それからしばらくして、SNS上で男性の「ひよっこ」についてのつぶやきを発見した。みね子の父が失踪を経て奥茨城に戻り、妻と語る。その台詞に「共有する」という言葉が入っていたのだが、「昭和四十年代に、『共有』という言葉は使われていなかった」という指摘だった。

えー、そんなこと、いいのになー。だって、すっごくいい会話だった。記憶喪失のためとはいえ、いっときでも東京でほかの女性と住んでいた夫を迎える妻。記憶は戻らないけれど、もとの暮らしに戻ろうと決めた夫。二人が再出発するにあたっての、互いを思いやるあたたかい会話だった。時代考証とか、どっちでもいいと思うけどなー。

そのことがあって、私のなかで、こんな法則ができた。

朝ドラの話にのれる男子は、女子のお友だち。

しかし、この法則はどこから来るのか、なぜ朝ドラが、男子を分けるリトマス試験紙になるのか、深くは考えていなかった。

この本を書くにあたって、たくさん朝ドラを見直した。作品ごとに、出来不出来は大いにあるのだが、共通することがあった。

ヒロインがみな、何者かになろうとしているということだ。描く時代も、ヒロインの立場も、作品ごとにすべて違う。でもみんな、何者かになろうと、奮闘していた。

その姿を見て私は、己の来し方行く末を考えた。そして励まされた。私にもこんなことあったな。こういうこと、忘れていたな。そうだ、また、がんばろう。そんなふうに考えて、泣くことも多かった。

朝ドラは、メッセージをくれるんだな、と思った。それは「堂々とせよ」だった。「成功せよ」ではなく、「堂々とせよ」というところが、ポイント。堂々と、自分は自分であればよい。そういうメッセージ。

なんだか世の中、「成功せよ」ばかりになっていて、えーい、うるさい！　って感じ。勝ち組バンザイで、そこには負け組がいるけれど、自己責任だからね。そんな空気。「堂々と自分でいる」というのは、とても大切だ。

世の中のルールは、今も概ね男性が決めている。男性は（一部の女性もかもだけど）、成功が好き。そこで生きて、何者かになろうとする女子は、いろんなことをしなくてはいけない。五十七年間生きて、そのうち三十五年近くは会社員をしていた。その経験を踏まえて言うならば、「堂々と自分でいる」ことは最初の一歩であり、決め手だと思う。

女子はけっこう大変だ。家でも職場でも、何かとしんどい。そういう気持ちをわかってくれる。成功を追うことより、堂々と自分でいることに泣ける。それが、朝ドラトークにのれるかどうかの分かれ目だと思う。

だから、朝ドラの話にのれる男子は、女子のお友だちなんだ。リトマス試験紙なんだ。やっとわかった。

本を書くにあたっては、書きたい作品だけを選び、見直した。網羅性はまるでないことをお許しいただかねばならない。朝ドラは、十五分かける六日かける四週間かける六カ月。合計三十六時間をまとめて見るのは、大変だったけど、楽しかった。朝ドラって、おもしろいなー、朝ドラ、ゴーゴー。今の、私の気持ちだ。

最後に、この本の生みの親の三人の方々に心から御礼を申し上げたい。

「成功とか、嫌い」とか「おっさん、うざい」とか、そんなことをブツブツ言っている私に、「コラムを書いてみては」と言ってくださった朝日新聞「ＷＥＢＲＯＮＺＡ」の高橋伸児さん。高橋さんがいなかったら、私は今もブツブツ言っているだけだった。

三十五年近い会社員生活にピリオドを打つと決めたとき、「ＷＥＢＲＯＮＺＡの朝ドラのコラム、本にしたら」と言ってくださった文芸評論家の斎藤美奈子さん。自分の文章が本になるとは夢にも思っていなかったから、とてもとてもうれしく、大きな励みとなった。

そして最後に、この本にゴーサインを出してくださった筑摩書房の喜入冬子さん。貴重なアドバイスをたくさんいただき、おかげでなんとかまとめることができた。

みなさん、本当にありがとうございました。

たくさんの人にこの本が読まれることで、三人にご恩返しができたら。そう願って止まない。

二〇一八年三月　矢部万紀子

●べっぴんさん
2016年10月3日～2017年4月1日
平均視聴率：20.3%
脚本：渡辺千穂
キャスト：芳根京子、菅野美穂、生瀬勝久、百田夏菜子、永山絢斗、高良健吾、谷村美月、市村正親ほか
子ども服の「ファミリア」をモデルに、女学校の同級生三人と看護師が戦後の神戸でベビー、子ども用品の店「キアリス」を始め、発展させていく話。ヒロインすみれをはじめ、登場人物が互いに「ちゃん付け」で呼び合うのが特徴で、のんびりした空気が流れている。

●ひよっこ
2017年4月3日～9月30日
平均視聴率：20.4%
脚本：岡田惠和
キャスト：有村架純、沢村一樹、木村佳乃、峯田和伸、佐久間由衣、和久井映見、菅野美穂、宮本信子ほか
茨城県の奥茨城村に育ったみね子が集団就職で上京、成長していく1964年から4年間の物語。出稼ぎ先で行方不明になる父に代わって仕送りするみね子。向島電機、すずふり亭と二カ所の職場であたたかい人々に支えられるが、なんと言っても父の弟・宗男が最高。

上夫・九州の炭鉱王が、悲哀たっぷりで萌える。

●まれ
2015年３月30日～９月26日
平均視聴率：19.4％
脚本：篠﨑絵里子
キャスト：土屋太鳳、大泉洋、常盤貴子、山﨑賢人、田中裕子、田中泯、柳楽優弥、小日向文世ほか
夢を追いかけ失敗し夜逃げする父の反動で、夢を嫌う少女・希が結局は自分の夢を追いかけてパティシエになる話。漆職人の夫を助けるためパティシエ修行を突如やめたけど、可愛い双子が生まれて、地元に出した洋菓子店もうまくいき、コンテストにも出ましたとさ。

●あさが来た
2015年９月28日～2016年４月２日
平均視聴率：23.5％
脚本：大森美香
キャスト：波瑠、玉木宏、宮﨑あおい、柄本佑、ディーン・フジオカ、寺島しのぶ、友近、近藤正臣ほか
実業家で日本女子大創設者・広岡浅子がモデル。両替屋に嫁いだあさが商才を発揮、江戸から明治という時代を乗り切る。大阪取引所前に銅像が立つ五代友厚を演じたディーン・フジオカが大人気に。優しい夫と五代、内外に理解者という夢を描いて、今世紀朝ドラ最高視聴率。

●とと姉ちゃん
2016年４月４日～10月１日
平均視聴率：22.8％
脚本：西田征史
キャスト：高畑充希、西島秀俊、木村多江、大地真央、ピエール瀧、坂口健太郎、向井理、唐沢寿明ほか
『暮しの手帖』を創刊した大橋鎭子をモデルに、早世した父（とと）から父親がわりに家族を守ることを託された長女・常子の人生を描く。家族への責任感あふれる常子に創刊した雑誌社の社長業も加わり、朝ドラ史上初「生涯独身ヒロイン」はずっと他人ファースト。

合い、暴君の父を乗り越え、洋装店を成功させる。夫を戦地で亡くし、妻子ある男性と恋に落ちる糸子。切なく色っぽい。

●あまちゃん
2013年4月1日～9月28日
平均視聴率：20.6％
脚本：宮藤官九郎
キャスト：能年玲奈、小泉今日子、宮本信子、薬師丸ひろ子、杉本哲太、片桐はいり、松田龍平ほか
東京から北三陸に来たアキが海女になり、東京でアイドル修行をし、映画の主演も勝ち取るけれど、震災後に北三陸に戻り海女カフェを復活させる。波乱万丈だけど変わらないアキ、母春子、祖母夏、親友ユイ、北三陸のみんな、アイドル仲間、みんなカッケー。

●ごちそうさん
2013年9月30日～2014年3月29日
平均視聴率：22.4％
脚本：森下佳子
キャスト：杏、東出昌大、キムラ緑子、高畑充希、ムロツヨシ、和田正人、宮崎美子、近藤正臣ほか
本郷の洋食店の娘め以子が帝大生に恋し、結婚。市役所に就職する夫と大阪へ。食いしん坊で料理上手の主婦が、家族においしいものを食べさせる日々を描く。あっけらかんと強いめ以子をいびる義姉。その寂しさと賢さが切なく伝わるにつれ、義姉役キムラ緑子が人気に。

●花子とアン
2014年3月31日～9月27日
平均視聴率：22.6％
脚本：中園ミホ
キャスト：吉高由里子、室井滋、伊原剛志、黒木華、鈴木亮平、仲間由紀恵、吉田鋼太郎、石橋蓮司ほか
『赤毛のアン』の翻訳者・村岡花子がモデルの話。山梨の貧しい家の長女はなが東京の女学校で英語を学び、童話作家、翻訳者、ラジオパーソナリティーにもなる。帝大生と駆け落ちする腹心の友・蓮子（後の白蓮）の年

巻末資料　本書で扱った朝の連続テレビ小説

●ちりとてちん

2007年10月１日〜2008年３月29日
平均視聴率（ビデオリサーチ調べ、関東地区＝以下すべて）：15.9％
脚本：藤本有紀
キャスト：貫地谷しほり、和久井映見、松重豊、青木崇高、佐藤めぐみ、加藤虎ノ介、渡瀬恒彦ほか
和田喜代美という塗り箸職人の娘が福井の実家を飛び出し、落語家になる話。同姓同名の同級生・和田清海（スーパー優等生）への屈託を抱えながら己の道を見つけ、立派な落語家になる様子に共感していると、最後の最後に妊娠したから退職というしっぺ返しに遭う。

●ゲゲゲの女房

2010年３月29日〜９月25日
平均視聴率：18.6％
脚本：山本むつみ
キャスト：松下奈緒、向井理、松坂慶子、大杉漣、杉浦太陽、梶原善、村上弘明、うじきつよしほか
水木しげるの妻・武良布枝の同名のエッセイが原案。貸本漫画家・村井茂に嫁ぎ、貧乏暮らしをしながらも夫の才能を信じ続ける布美枝、水木がのり移ったような向井理の演技、時代に取り残される水木を取り巻く人々など、戦後日本が描かれて、ついつい泣かされる。

●カーネーション

2011年10月３日〜2012年３月31日
平均視聴率：19.1％
脚本：渡辺あや
キャスト：尾野真千子、夏木マリ、小林薫、栗山千明、濱田マリ、綾野剛、尾上寛之、近藤正臣ほか
コシノ三姉妹を育てた小篠綾子をモデルに、岸和田の呉服店の娘に生まれた糸子の生涯を描く。「女はつまらん」と幼少から嘆く糸子がミシンと出

ちくま新書
1323

朝《あさ》ドラには働《はたら》く女子《じょし》の本音《ほんね》が詰《つ》まってる

二〇一八年四月一〇日　第一刷発行

著者　矢部万紀子（やべ・まきこ）

発行者　山野浩一

発行所　株式会社　筑摩書房
東京都台東区蔵前二-五-三　郵便番号一一一-八七五五
振替〇〇一六〇-八-四一二三

装幀者　間村俊一

印刷・製本　三松堂印刷　株式会社

乱丁・落丁本の場合は、左記宛にご送付ください。
送料小社負担でお取り替えいたします。
ご注文・お問い合わせも左記へお願いいたします。
〒三三一-八五〇七　さいたま市北区櫛引町二-六〇四
筑摩書房サービスセンター　電話〇四八-六五一-〇〇五三

ISBN978-4-480-07136-1 C0295

ちくま新書

1091 もじれる社会
——戦後日本型循環モデルを超えて
本田由紀
もじれる＝もつれ＋こじれ。行き詰まり、悶々とした状況にある日本社会の見取図を描き直し、教育・仕事・家族の各領域が抱える問題を分析、解決策を考える。

1216 モテる構造
——男と女の社会学
山田昌弘
女は女らしく、男は男らしく。こんな価値観が生き残っているのはなぜか。三つの「性別規範」が、深く感情に根ざし、男女非対称に機能している社会構造を暴く。

1225 AV出演を強要された彼女たち
宮本節子
AV出演を強要された！ そんな事件が今注目されている。本書は女性たちの支援活動をしてきた著者による初の報告書。ビジネスの裏に隠された暴力の実態に迫る。

1235 これが答えだ！ 少子化問題
赤川学
長年にわたり巨額の税金を投入しても一向に改善しない少子化問題。一体それはなぜか。少子化対策をめぐるパラドクスを明らかにし、この問題に決着をつける！

1242 LGBTを読みとく
——クィア・スタディーズ入門
森山至貴
広まりつつあるLGBTという概念。しかし、それだけでは多様な性は取りこぼされ、マイノリティに対する差別もなくならない。正確な知識を得るための教科書。

1270 仕事人生のリセットボタン
——転機のレッスン
為末大
中原淳
これまでと同じように仕事をしていて大丈夫？ 右肩上がりではなくなった今後を生きていくために、自分の生き方を振り返り、明日からちょっと変わるための一冊。

1302 働く女子のキャリア格差
国保祥子
脱マミートラック！ 産み、働き、活躍するのは可能なのか。職場・個人双方の働き方改革を具体的に提案。育休取得者四千人が生まれ変った思考転換メソッドとは？